九州西部方言動詞テ形における形態音韻現象の研究

ひつじ研究叢書〈言語編〉

【第41巻】発話行為的引用論の試み−引用されたダイクシスの考察　中園篤典 著
【第42巻】現代日本語文法　現象と理論のインタラクション
　　　　　　　　　　　　　　　　　　　　　　　　　矢澤真人・橋本修 編
【第43巻】日本語の助詞と機能範疇　　　　　　　　　　　　青柳宏 著
【第44巻】日本語のアスペクト体系の研究　　　　　　　副島健作 著
【第45巻】九州西部方言動詞テ形における形態音韻現象の研究　有元光彦 著
【第46巻】日本語における空間表現と移動表現の概念意味論的研究
　　　　　　　　　　　　　　　　　　　　　　　　　　　上野誠司 著
【第47巻】日本語助詞シカに関わる構文構造史的研究−文法史構築の一試論
　　　　　　　　　　　　　　　　　　　　　　　　　　　宮地朝子 著
【第48巻】授与動詞の対照方言学的研究　　　　　　　　日高水穂 著
【第49巻】現代日本語の複合語形成論　　　　　　　　　石井正彦 著
【第50巻】言語科学の真髄を求めて−中島平三教授還暦記念論文集
　　　　　　　　　　　　　　　　　　鈴木右文・水野佳三・高見健一 編
【第51巻】日本語随筆テクストの諸相
　　　　　　　　　　　　　　　　　　高崎みどり・新屋映子・立川和美 著
【第52巻】発話者の言語ストラテジーとしてのネゴシエーション行為の研究
　　　　　　　　　　　　　　　　　　（切りぬける・交渉・談判・掛け合い）
　　　　　　　　　　　　　　　　　　　　　　　　　　クレア マリィ 著
【第53巻】主語と動詞の諸相−認知文法・類型論的視点から　二枝美津子 著

ひつじ研究叢書〈言語編〉第45巻

九州西部方言動詞テ形における形態音韻現象の研究

有元光彦 著

ひつじ書房

まえがき

　シルクロードのような貿易・交通の要路があるように、ことばにおいても、ことばが伝播する要路、いわゆる"ことばの道"が存在する。"ことばの道"には陸路も海路もある。九州西部における"ことばの道"の存在は以前から指摘されていた。上村孝二 (1998: 167) には次のようなコメントがある。

「私はかねて九州西北部から肥後の沿海地や天草島などをへて、薩摩の甑島や薩摩半島南端へ、そしてそこから種子島、屋久島に及ぶ地域、ある場合はトカラ列島をも含める地帯にはある種の共通の言語現象が行われていることに気づいていた。」

　"ことばの道"という用語は使っていないが、まさしくそうである。ことばが海上を伝播する、"海の道"である。
　それでは、"道"とは何であろうか。共通性・類似性の地理的連続体であろうか。"道"の上、及びその周辺地域では、共通のまたは類似した言語現象が見られる。
　それでは、"類似性"とは何であろうか。逆に、"差異性"とは何であろうか。簡単に言えば、「似ている」「似ていない」とは一体どういうことであろうか。
　例えば、〈南瓜〉のことを、A地点で [bobura]、B地点で [bobora]、C地点で [boːbura] と言うとする。これら3つの形式は非常に類似している。しかし、もう少し突っ込んでみると、[bobura] と [bobora] のペアと、[bobura] と [boːbura] のペアと、そして [bobora] と [boːbura] のペアのうち、どのペアが最も似ているのだろうか。それとも、どれも同じ程度に似ているのだろう

か。主観的にはいずれかのペアを選ぶことができるかもしれないが、客観的にはよく分からないのである。

　どうやれば、"類似性"を究明できるだろうか。この問題に解答するために、従来の方言研究では、単語・語彙レベルを対象とした表面的・個別的な観点しか持っていなかった。例えば、言語地理学において言語地図上に引くことのできる等語線の数の違いによって、はたまた統計的な処理を施すことによって、類似度を測ってきた。これらの研究も十分説得力のあるものではあるが、より体系的な観点からは分析できないのだろうか。

　本書は、まさに体系的な観点から"類似性"の解明を目指すものである。そのために、活用という最もダイナミックなカテゴリーを対象としている。実際に扱っているカテゴリーは、活用の中のテ形（あるいはタ形）と呼ばれるいわゆる連用形だけであるが、ここにこそ従来の研究では発見されていなかった豊潤なシステムが存在していたのである。単なる活用形の1種ではなく、活用システムを司るような原理が隠れていたのである。テ形に隠れるこのシステムの解明こそが、"類似性"の究明に繋がるのである。そのために、本書では、"海の道""群"といった名詞で表される概念、そして"切り取り""棲み分け"といったもともと動詞で表される概念など、少々大胆な仮説も提唱している。今後の同じ観点からの研究に対し、1つのたたき台になれば光栄である。

　本書は、広島大学大学院社会科学研究科に提出した博士論文『九州西部方言における動詞「テ形現象」の記述的研究』（2004年1月学位取得）を土台とし、その後公表した研究成果（有元光彦 2004b, c, 2005a, b, 2006）を加え、大幅に書き直したものである。

　本書の構成は、大きく「導入編」「記述編」「理論編」の3部から成る。
　導入編では、まず本書での対象となる「テ形現象」の定義を行っている。また、記述装置として利用する生成音韻論の理論的な枠組み、及びそこで利用されているツールについて解説する。

記述編では、テ形のデータを挙げ、様々なタイプの方言及び下位分類される方言を記述している。

　理論編では、テ形現象の分析から得られる共時的・通時的な問題を扱い、「"海の道"仮説」を仮定している。さらに、九州西部以外の地域方言である出雲方言における音韻現象を取り上げ、"海の道"仮説を検証し、"群"仮説へと一般化している。最後に、テ形とタ形との関連性について考察している。そこでは、"棲み分け"という生物学的類推を使って、新たな方法論への展望を示している。

　本書の出版には、独立行政法人日本学術振興会平成18年度科学研究費補助金（研究成果公開促進費）の交付を受けた。

凡例

[1] データは、すべて簡略音声記号 (IPA) で表記する。例えば、[tɕ], [dʑ] はそれぞれ [tʃ], [dʒ] で表記する。[ɕ] は [ʃ] で表記する。また、[ɡ] は [g] で表記する。

　拗音については、上付きの [ʲ] の代わりに小文字の [j] を使う。例えば、キャ [kʲa] は [kja] と表記する。

　促音に関しては、直後の子音と同じ表記で表すこととする。例えば、〈葉っぱ〉は [happa] と表記する。即ち、促音の直後に [pa] が来ているので、[pa] の [p] を促音とする。結果的には、二重子音となる。

　日本語の促音表記には様々なものがある。例えば、[hap□pa], [haᵖpa], [hap:^pa] などである。音声的には、調音点が直後の音声と同じであり、声帯は開いている。声帯及びその近辺の筋肉は緊張していない。従って、IPA には該当する記号が存在しないので、研究者各自が新たに記号を作って使用している場合が多々ある。しかし、促音が日本語特有の音声であるならば、どんな記号を使っても同じであるので、本書では、従来の研究で最もよく使われてきた前述の表記、即ち [happa] という表記を使用する。

[2] 音声形の直後の〈　〉内には大体の意味を記す。

[3] 記号 / /, [ ] で囲まれたものは、生成音韻論 (Generative Phonology) で言うところの基底形 (underlying form)・音声形 (phonetic form) をそれぞれ表すが、文脈上明らかな箇所では省略する。

[4] 音声形の左側に付けた各種の記号には、次のような意味がある。
　■記号＊： 不適格な音声形
　■記号？： 少々奇妙であるとインフォーマントが感じている音声形
　　　　　（不適格の度合いが高い順に並べると、＊, ?*, ??, ? となる）
　■記号＆： 聞いたことはあるが使わないとインフォーマントが判断した形

■記号％：適格な形が複数ある場合、相対的に良く使う形
　　■記号！：インフォーマントによって適格性の判断が異なるもの
　　　　　　　（適格と判断した人も不適格と判断した人もいる）
[5] データの表中に-----とあるのは、未調査（調査漏れ）であることを示す。
[6] 境界記号+は形態素境界（morpheme boundary）を、記号#は単語境界（word boundary）をそれぞれ表す。また、Cは子音、Vは母音を表す。
[7] 弁別素性（distinctive feature）は以下のように略す（cf. Chomsky & Halle (1968))。

[syl]=syllabic（成節性）
[cons]=consonantal（子音性）
[cor]=coronal（舌頂性）
[nas]=nasal（鼻音性）
[lab]=labial（唇音性）
[cont]=continuant（継続性）
[son]=sonorant（共鳴性）

これらの弁別素性に関しては、導入編（第2章3.3.1.）で再度説明する。

略地図

【地図1】 九州全域

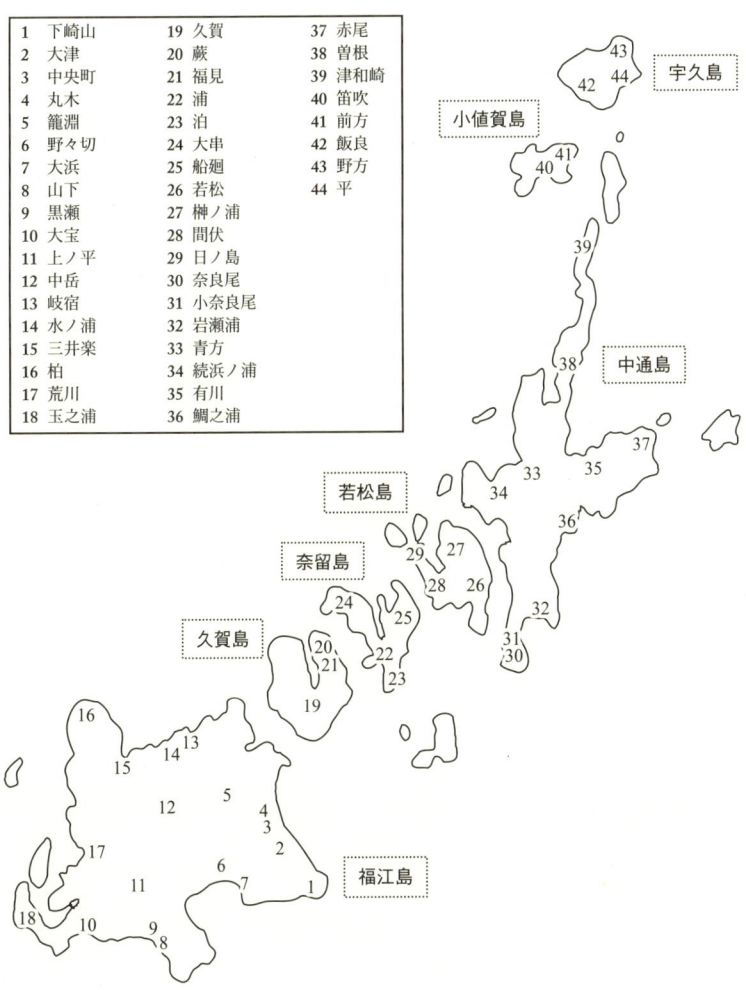

【地図2】 長崎県五島列島

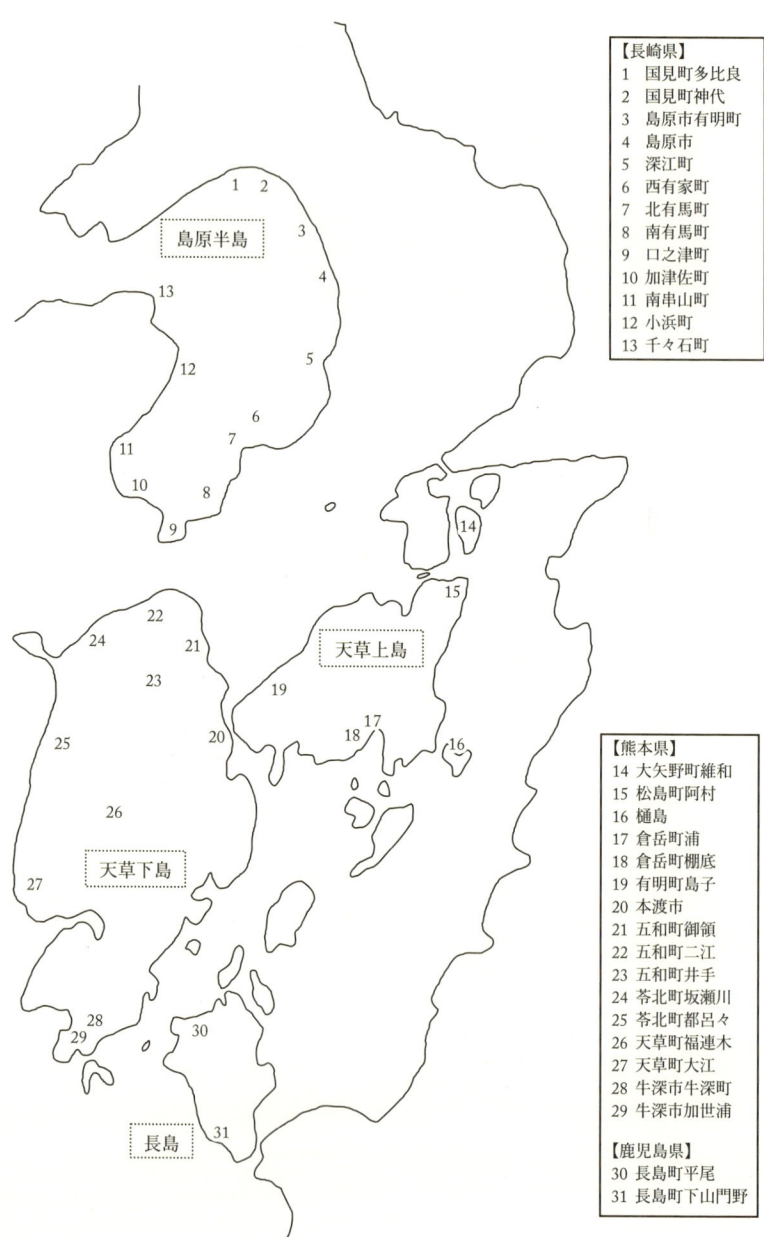

【地図3】 長崎県島原半島・熊本県天草諸島

目　次

まえがき　　　　　　　　　　　　　　　　　　　　　　　　i

第1部　導入編　　　　　　　　　　　　　　　　　　　　　1

第1章　従来の研究（九州西部方言の概観と研究）　　　　　3

第2章　本書の研究　　　　　　　　　　　　　　　　　　　7
 1.　本書の目的　　　　　　　　　　　　　　　　　　　7
 2.　対象（「テ形現象」とは何か？）　　　　　　　　　　10
 3.　方法論（生成音韻論）　　　　　　　　　　　　　　13
  3.1.　辞書部門　　　　　　　　　　　　　　　　　14
   3.1.1.　動詞語幹　　　　　　　　　　　　　　14
   3.1.2.　r語幹化　　　　　　　　　　　　　　　17
   3.1.3.　接辞　　　　　　　　　　　　　　　　19
   3.1.4.　接辞の直後の要素　　　　　　　　　　19
  3.2.　語形成部門　　　　　　　　　　　　　　　　19
  3.3.　音韻部門　　　　　　　　　　　　　　　　　20
   3.3.1.　弁別素性　　　　　　　　　　　　　　20
   3.3.2.　音韻ルール　　　　　　　　　　　　　21
 　註　　　　　　　　　　　　　　　　　　　　　　　22

第3章　問題提起	25
第2部　記述編	27
第1章　方言タイプの分類	29
註	30
第2章　方言タイプの記述	31
1.　真性テ形現象方言	31
1.1.　真性テ形現象方言の記述	31
1.1.1.　タイプA方言	31
1.1.2.　タイプB方言	49
1.1.3.　タイプC方言	56
1.1.4.　タイプD方言	62
1.1.5.　タイプE方言	70
1.1.6.　タイプF方言	78
1.1.7.　タイプG方言	86
1.2.　真性テ形現象方言の比較	96
1.2.1.　「テ」に相当する部分の音声の比較	97
1.2.2.　基底形の比較	99
1.2.3.　音韻ルールの比較	99
註	104
2.　非テ形現象方言	106
2.1.　非テ形現象方言の記述	106
2.1.1.　タイプNA方言	106
2.1.2.　タイプNB方言	114
2.2.　非テ形現象方言の比較	118

				2.2.1. 「テ」に相当する部分の音声の比較	118
				2.2.2. 基底形の比較	119
				2.2.3. 音韻ルールの比較	120
		註			122
	3.	全体性テ形現象方言			124
		3.1.	全体性テ形現象方言の記述		124
			3.1.1. タイプ WA 方言		124
		3.2.	全体性テ形現象方言の比較		131
				3.2.1. 「テ」に相当する部分の音声の比較	132
				3.2.2. 基底形の比較	132
				3.2.3. 音韻ルールの比較	133
		註			135
	4.	擬似テ形現象方言			136
		4.1.	擬似テ形現象方言の記述		136
			4.1.1. タイプ PA 方言		136
			4.1.2. タイプ PB 方言		144
			4.1.3. タイプ PC 方言		152
		4.2.	擬似テ形現象方言の比較		160
				4.2.1. 「テ」に相当する部分の音声の比較	160
				4.2.2. 基底形の比較	162
				4.2.3. 音韻ルールの比較	162
		註			166

第3章 方言タイプのまとめ　　　　　　　　　　　　　　　　167

1. 「テ」に相当する部分の音声　　　　　　　　　　　　　　169
2. 基底形　　　　　　　　　　　　　　　　　　　　　　　　172
3. 音韻ルール　　　　　　　　　　　　　　　　　　　　　　173

第3部　理論編　　　　　　　　　　　　　　　　　　　　177

第1章　共時的問題　　　　　　　　　　　　　　　　　179

1. 言語内的問題　　　　　　　　　　　　　　　　　　179
   - 1.1. 方言タイプの関係性　　　　　　　　　　　　179
     - 1.1.1. 方言タイプの相関関係　　　　　　　　179
     - 1.1.2. 真性テ形現象方言の下位方言タイプの相関関係　　　　　　　　　　　　　　　　　181
   - 1.2. 方言タイプの安定性　　　　　　　　　　　　183
   - 1.3. e 消去ルールの定式化　　　　　　　　　　　185
2. 言語地理学的問題　　　　　　　　　　　　　　　　190
   - 2.1. 全体的な言語（方言）地図　　　　　　　　　190
   - 2.2. 真性テ形現象方言における"海の道"　　　　194
   - 2.3. 擬似テ形現象方言の位置付け　　　　　　　　199
   - 2.4. 方言圏の内部構造　　　　　　　　　　　　　200
   - 註　　　　　　　　　　　　　　　　　　　　　　203

第2章　通時的問題　　　　　　　　　　　　　　　　　205

1. 真性テ形現象の崩壊（非テ形現象化）　　　　　　　205
   - 1.1. 新たな方言タイプの発見　　　　　　　　　　205
   - 1.2. 擬似テ形現象の兆し　　　　　　　　　　　　207
   - 1.3. 真性テ形現象の名残　　　　　　　　　　　　210
   - 1.4. 音節数条件　　　　　　　　　　　　　　　　211
2. 方言タイプの新旧　　　　　　　　　　　　　　　　214
3. "海の道"の新旧　　　　　　　　　　　　　　　　　216
4. 非テ形現象化の指向性　　　　　　　　　　　　　　218

第3章 一般化 　　　　　　　　　　　　　　　　　　　　223

1. 出雲方言における母音交替現象 　　　　　　　　　223
1.1. ツール 　　　　　　　　　　　　　　　　　　224
1.2. 分析 　　　　　　　　　　　　　　　　　　　224
1.2.1. /i/ 〜 /ɨ/ 交替 　　　　　　　　　　　225
1.2.2. /u/ 〜 /ɨ/ 交替 　　　　　　　　　　　226
1.2.3. /u/ 〜 /o/ 交替 　　　　　　　　　　　227
1.2.4. /ju/ 〜 /ɨ/ 交替 　　　　　　　　　　228
1.2.5. /e/ 〜 /i/ 交替 　　　　　　　　　　　229
1.2.6. 硬口蓋化 　　　　　　　　　　　　　　230
1.3. ルールのまとめ 　　　　　　　　　　　　　　231
1.4. 母音交替現象の方言差 　　　　　　　　　　　232
註 　　　　　　　　　　　　　　　　　　　　　　236

2. "海の道"仮説と"群"仮説 　　　　　　　　　　　237
2.1. 2つの仮説の内容 　　　　　　　　　　　　　237
2.2. 2つの仮説の比較 　　　　　　　　　　　　　238
2.3. 2つの仮説の融合 　　　　　　　　　　　　　240

第4章 テ形現象の本質とは？ 　　　　　　　　　　　　243

1. "切り取り(切り分け)" 　　　　　　　　　　　　243
1.1. 真性テ形現象 vs. 非テ形現象 　　　　　　　　243
1.2. テ形 vs. タ形 　　　　　　　　　　　　　　248
註 　　　　　　　　　　　　　　　　　　　　　　254

2. "棲み分け" 　　　　　　　　　　　　　　　　　255

第5章 理論的問題のまとめ・課題 　　　　　　　　　　259

参照参考文献	265
あとがき	273
索引	279

第 1 部

導入編

本編では、本書の前提となる事項について述べる。即ち、九州西部方言の概観や研究史、「テ形現象」の定義、基本的な術語の意味、分析の方法論を押さえておく。

第1章　従来の研究
（九州西部方言の概観と研究）

　本章では、本書の位置付けを明確にするために、九州西部方言に関する従来の研究を顧みる。

　本書が対象とする「九州西部方言」とは、長崎県・熊本県・鹿児島県の諸方言である。ただし、それら全域を調査したわけではないので、対馬・壱岐（以上、長崎県）・屋久島・種子島・奄美諸島（以上、鹿児島県）などは、本書の対象となっていない。

　本章では、長崎県・熊本県・鹿児島県の諸方言について概説するとともに、これらの諸方言を対象とした膨大な研究文献の中から、体系的なものを抜き出して、挙げていくことにする。

　まず、九州方言全体は、「豊日方言」「肥筑方言」「薩隅方言」の３つに大きく分けられる。豊日方言は、福岡県の豊前地区、大分県の豊前・豊後、宮崎県の大部分の方言である。肥筑方言は、肥前（佐賀県・長崎県）・肥後（熊本県）、筑前・筑後（福岡県）の方言である。薩隅方言は、鹿児島県の方言であり、宮崎県諸県地方の方言が含まれることもある。

　次に、県別に見てみる。まず、長崎県は、地理的には最も複雑な地形をしており、様々な島嶼部から成っている。長崎県の方言は、従来おおよそ次のように分類されている。

(1) 長崎県諸方言の分類：

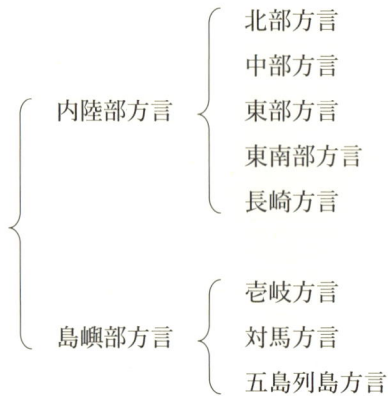

(1)から分かるように、まず内陸部方言と島嶼部方言に大きく分かれる。内陸部方言の中で、まず北部方言には、北松浦郡・松浦市・平戸市・佐世保市の方言が属する。中部方言には、東彼杵郡・大村市・西彼杵郡の方言が属する。東部方言には、高来町などの旧北高来郡・諫早市などの方言が属する。東南部方言には、島原半島の旧南高来郡・島原市の方言が属する。長崎方言には、長崎市の方言が属する。次に、島嶼部方言であるが、(1)に挙げた3つの方言はそれぞれ独特の特徴を持っており、方言差もかなりある。また、それぞれの方言の内部も、様々な下位方言に分類される。

大まかに言って、内陸部方言は、語彙的な差はあるが、体系上は共通語的である。ただし、動詞の活用に二段活用が残存している(例えば、[okiru]〈起きる〉が [okuru] となる)。二段活用の残存は、県下全域に起こっている。一方、島嶼部方言では、事情が全く異なる。特に、長崎市の西部に位置する五島列島は、方言上長崎市内とは全く異なる状況を呈している。五島列島諸方言では、単語末に声門閉鎖音が現れることから、音声・音韻上は鹿児島方言的であると言われている (eg. [kaʔ]〈柿〉)。方言上の特徴を論じる中で、注意すべきことは、宗教上の問題である。いわゆるキリスト教信仰者が住んでいる地域の方言は、もともと土着の方言とは大きく異なり、共通語的である (cf. 平山輝男ほか(1969))。特に、五島列島(後述の天草諸島でも同じで

あるが）では、地域的にも方言的にもその差が明確である。

　長崎県方言の体系的な研究としては、まず九州方言学会編（1969/1991）が挙げられる。これは、長崎県方言だけの研究ではなく、九州全域をカバーした体系的な研究である。五島列島方言の研究としては、飯豊毅一ほか（1983）の中に、古瀬順一氏の「五島の方言」という概説があるが、体系的なものとしては平山輝男ほか（1969）がある。

　次に、熊本県の方言について見てみる。熊本県は、東に人口の多い熊本市を擁し、西に地理的に入り組んだ天草諸島を擁す、いわば都市方言と地域方言が共存する地域である。熊本県の方言は、従来次のように分類されている。

（２）　熊本県諸方言の分類：

まず東部方言には、阿蘇郡・上益城郡東北部の方言が属する。南部方言には、八代郡・球磨郡・葦北郡・天草郡の方言が属する。北部方言には、これら以外の方言が属する。

　方言に関しては、南部方言は北部方言に比べて、鹿児島方言的である。単語末の声門閉鎖音も南部方言ほど多く見られる。二段活用の残存は県下全域に見られる。

　熊本県方言の体系的な研究としては、前述した九州方言学会編（1969/1991）の他にはあまり見られない。菊池方言という１方言を対象とした研究は、藤本憲信（2002）に見られる。都市方言としての熊本市方言を対象とした社会言語学的な研究は、陣内正敬（1996）などに近年盛んに見られるが、地域方言の記述的研究は、あまりないと言っても過言ではないだろう。

次に、鹿児島県の方言について見る。鹿児島県は、鹿児島市を中心として、東は大隅半島、西は薩摩半島から成り、また多くの島嶼部を擁している。島嶼部には、天草諸島の南部に長島があり、その南西には甑島列島、本土の南部には屋久島・種子島・トカラ（吐噶喇）列島・奄美諸島を擁している。奄美諸島以南は琉球方言圏に属するので、それより北の鹿児島方言とは大きく異なっている。従来の研究による鹿児島県方言の分類を次に挙げる。

（3） 鹿児島県諸方言の分類：

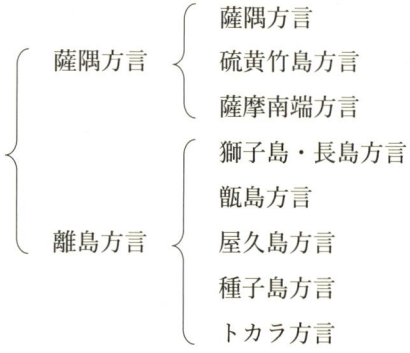

まず薩隅方言には、鹿児島市を中心とする大部分の方言が属する。薩摩南端方言には、薩摩半島の南端、即ち枕崎市・指宿市を中心とした地域の方言が属する。離島方言については、上記の島嶼部方言が属する。この他に、宮崎県の南部を「諸県方言」として、鹿児島方言の分類に含める考え方もあるが、ここでは保留する。

　鹿児島県方言の体系的な研究としては、やはり九州方言学会編（1969/1991）がまず挙げられる。甑島列島に関しては、上村孝二（1965, 1998）や木部暢子（2001）や尾形佳助（1987）が挙げられる。トカラ列島に関しては、木部暢子（1995）がある。

第2章　本書の研究

本章では、前章で述べた従来の研究を踏まえた上で、本書の目的について述べる。また、本書の対象となる「テ形現象」と呼ぶ形態音韻現象を明確に定義し、生成音韻論という方法論について簡潔に説明する。さらに、記述編（第2部）に入る前に、「何が問題であるか」という中心的な課題を再確認しておく。

1. 本書の目的

前章で示したように、過去の研究には、「語彙レベル」の研究は多数あるが、体系的な研究はあまり見られない。「文法研究」と銘打ってはいても、実際は、例えば「動詞の活用はこのようになっている」といった語彙の羅列に過ぎないものとなっていたり、分析といっても活用表にしているだけといったものになっていたりする。データとしては、語彙の羅列も非常に重要ではあるが、動詞なら動詞というカテゴリーを司っている規則性のようなものに意識が行っていない。即ち、「理論」を指向していないのである。なぜそのようなデータが現れるのか、どのようなシステムが潜んでいるのか、といった理論的な問題意識が、従来の方言研究には欠けているのである。近年になって、「理論」を意識した体系的な研究が、木部暢子氏らの研究に見られるようになってきたが、それはアクセント研究などが中心であり、いまだ研究分野が限定されている。その意味では、九州方言の研究は、ようやく語彙レベルの個別的な研究から抜け出しつつある段階に来ていると言えよう。

以上のような研究の流れにおける本書の意義は、単なる語彙レベルのリストアップという記述ではなく、表面的なレベルの奥に潜んでいる規則性や原理を導き出しているということである。そのための最も有効な手段は、現時点では生成音韻論 (Generative Phonology) であろう。その方法論を利用することによって、本書で扱う諸現象を、ルールの集合として記述できる。諸方言のルールの集合を比較することによって、従来の研究では表面的なレベルでしか比較できなかった対象を、より客観的に厳密に比較対照することができる。そして、そこから新たな「方言差」を見出し、規定できるのである。最終的には、「方言差」とは何か、といった本質的な議論を提出することができ、その議論こそが「理論」を指向したものになるのである。以上のような意味で、本書は、従来の研究に全く見られない、斬新なアプローチを方言研究に導入しているのである。
　まとめると、大きく次の2つの目的がある。

●方言の類似性・差異性の本質を解明する。
●理論的研究を示す。

　第1の目的を達成するために、九州西部地域方言に見られる動詞テ形 (「～して」の形) を対象とし、そこに起こる独特の形態音韻現象 (「テ形現象」と呼ぶ) を記述する。対象とする地域は、長崎県・熊本県・鹿児島県という九州西部地域である。これらの方言では、動詞活用において独特の形式を持っているが、特にテ形においては特異な現象が見られる。この分析に使用するツールが生成音韻論の記述装置である「音韻ルール (phonological rule)」や「弁別素性 (distinctive feature)」といったものであるが、これらのツールが伝統的な方言学に適用されることは従来ほとんどなかったことである。従来とは異なる方法論を利用することによって斬新な発見をすることも、本書の目的である。これによって、従来曖昧であった「方言差」を理論的に解明することも可能になっている。
　第2の目的を達成するためには、様々な理論的な仮説を提唱している。言

語内的な問題としては、各方言のテ形現象の相互関係を導き出し、この関係を地理的な問題と関連付けている。ここでは"海の道"という仮説を提出している。"海の道"の仮説は、通時的な問題にも及んでいる。さらに、この仮説は、九州西部方言以外の方言における音韻現象を取り込んで、より一般化した仮説へと成長することになる。即ち、"群"仮説の提出である。

また、テ形現象だけでなく、タ形(「～した」という形)に起こる形態音韻現象にも焦点を当てることによって、一言語内における"棲み分け"という考え方も示唆する。

以上のように、テ形現象は一見ローカルな現象のように見えるが、そこには理論的に豊潤な情報が含まれているのである。様々な考え方・仮説を提示することによって、従来軽視されがちであった方言の理論的研究に一石を投じることができるのではないかと考える。

2. 対象(「テ形現象」とは何か?)

本節では、本書のターゲットとなる音韻現象、即ち「テ形現象」を定義しておく。

九州西部地域のある方言(例えば長崎県五島市(旧福江市)下崎山方言)では、動詞テ形に、[te]や[de]が現れる形式(1a, 2a)とそれらが現れない形式(1b, 2b)の2種類が存在することが観察されている。[te]や[de]が現れない形式には、代わりにいわゆる促音や撥音が現れる。

(1) a. [kaitekita] 〈書いてきた〉
　　b. [kakkita] 〈書いてきた〉
(2) a. [jondekita] 〈読んできた〉
　　b. [joŋkita] 〈読んできた〉

この場合、(1a, 2a)は共通語形で、(1b, 2b)が方言形である。両者に意味の違いは見られない。一方、このようなペアが揃わない場合もある。

(3) a. [tottekita] 〈取ってきた〉
　　b. *[tokkita], *[toŋkita] 〈取ってきた〉

(3)では、[te]が現れる形式(3a)は存在するが、促音や撥音が現れる形式(3b)は存在しない。従って、(3a)が共通語形でもあり方言形でもあるということになる。

以上のように、動詞テ形において、共通語の「テ」に相当する部分が促音や撥音で現れ、しかもそれらの音声の分布が動詞の種類の違いによる、という現象を持つ方言が、九州西部地域には存在する。本書では、以上のような形態音韻現象を「テ形現象」という術語で捉え、次のように定義する。

(4) テ形現象の定義：
　　　動詞テ形において、共通語の「テ」に相当する部分が促音や撥音で現れる形式が存在する場合と、存在しない場合がある、という形態音韻現象を「テ形現象」と呼ぶ。

「テ形現象」という用語は、共通語の「テ」に相当する部分に起こる形態音韻現象の総称である。従って、すべての種類の動詞にわたって、促音や撥音のみが現れたり、逆に促音や撥音が全く現れなかったりする場合も含まれる。

　テ形現象はテ形に独特の形態音韻現象であるので、大部分の方言においてテ形以外のカテゴリーには起こらない。例えば、動詞テ形であっても、「～ている」というアスペクト形式（進行継続相）にはテ形現象は起こらない。これには方言独自の形式が存在する。例えば、長崎県五島市（旧福江市）下崎山方言では [ʤoʔ] という形が見られる（例：[todʤoʔ]〈取っている〉、[oranʤoʔ]〈叫んでいる〉）。おそらく、「～ている」は本書で言うところのテ形ではないと考えられる。さらに言うまでもなく、動詞以外のカテゴリーのテ形、例えば形容動詞テ形（「派手で」など）にも起こらない。例えば、下崎山方言では、[hadede]〈派手で〉のように [de] しか現れない。

　注目すべきことは、類似した活用形であるタ形（「～した」という形）に、テ形現象が起こる方言があるということである。テ形現象がテ形だけでなく、タ形にも波及しているのである。この問題については理論編（第4章）で詳述するが、"海の道"の問題に加えて、本書で述べるもう1つの大きなテーマである"棲み分け"に関連する問題である。

　また、本書ではテ形現象と「音便」現象は別物と考えている。後述するように、本書では生成音韻論の枠組みを利用し、例えば〈買ってきた〉であれば(5)に表記するように、基底形 /kaw+te#ki+ta/ に様々な音韻ルールが適用されることによって、音声形 [kokkita] が派生されると考える。

（5） /kaw+te#ki+ta/ → ・・・ → [kokkita]
　　　　　　　　↑
　　　　　　音韻ルール

ここから分かるように、語幹の母音 /a/ が [o] として現れていることから、音便が起こると考えられるが、これはテ形接辞 /te/ の /t/ をトリガー（trigger）として、/aw/ の部分に起こった形態音韻現象である。一方、テ形現象はテ形接辞 /te/ がどのような音声で現れるかという現象である。(5) では促音として現れている。従って、テ形現象のターゲットは /te/ の部分、音便現象のターゲットは /aw/ の部分であるので、両者を別物と考える。

3. 方法論（生成音韻論）

本節では、本書で記述装置として利用する生成音韻論の枠組みを簡単に解説する。

本書で利用する枠組みは、理論史上、比較的初期のモデルである。1990年代から最適性理論（Optimality Theory）という枠組みが登場しているが、この方法論は使用しない（cf. Archangeli & Langendoen (eds.)(1997)）。初期の枠組みの特徴は、「ルール（rule）」が線的（linear）に適用されていくことによって、音声形（phonetic form）が派生される、従ってルールの有無や適用順序が方言差を決定する、といった考え方である。一方、最適性理論の特徴は、まず最初に、音声形の候補が複数設定され、その中から普遍的な制約（constraint）をより遵守しているものが残り、最終出力の音声形となる、即ち制約の序列が方言差となる、といった考え方である。

本書では、最適性理論が現時点では理論として熟していないこと、生成音韻論においては方言差に関する議論が少ないことを考慮し、比較的理論が熟している初期の考え方を採用する。もちろん、生成音韻論という理論を利用することは、単なる作業仮説である。

生成音韻論の枠組みでは、テ形現象を記述するために、次の3つの部門（component）が関与する。

(1) a. 辞書（lexicon）部門
   b. 語形成（word formation）部門
   c. 音韻（phonology）部門

辞書は基本的に形態素（morpheme）の集合であり、動詞語幹（stem）や接辞（affix）の基底形（underlying form）が、登録されている。また、動詞語幹の「r語幹化」（いわゆる「ラ行五段化」）の問題も絡む。語形成部門では、辞書で選択された基底形がどのように組み合わされるかが決まる。音韻部門では、語形成部門の出力（output）に適用される音韻ルールが設定される。最終

的に派生（derivation）された形が音声形（phonetic form）である。
　以下、各部門を順に見ていく。

3.1. 辞書部門

辞書部門には、予測できない形式や情報が記憶されている。テ形現象に関しては、動詞の語幹の基底形・テ形接辞の基底形などである。

3.1.1. 動詞語幹

動詞語幹は、語幹末分節音（stem-final segment）の違いによって、(2)のように設定される。

(2) a.　子音語幹動詞（語幹末子音は w, b, m, s, k, g, r, t, n の9種）
　　　　例：kaw〈買う〉, orab〈叫ぶ〉, am〈編む〉, kas〈貸す〉, kak〈書く〉,
　　　　　　ojog〈泳ぐ〉, tor〈取る〉, kat〈勝つ〉, sin〈死ぬ〉
　　 b.　母音語幹動詞（語幹末母音は i, e の2種）
　　　　例：mi〈見る〉, oki〈起きる〉, de〈出る〉, uke〈受ける〉
　　 c.　不規則動詞（3語のみ）
　　　　it〜ik〜i〈行く〉
　　　　ki〜ku〜ko〈来る〉
　　　　se〜su〜s〈する〉

「子音語幹動詞」とは、語幹末分節音が子音である動詞を指して言う。「母音語幹動詞」とは、語幹末分節音が母音である動詞のことを指す。「不規則動詞」とは、複数の語幹を有する動詞のことを指す。不規則動詞の場合、活用形ごとに、使用される語幹が決まっている。テ形に使用される語幹は、/i/〜/it/〈行く〉, /ki/〈来る〉, /s/〜/se/〈する〉である。ここには方言差があり、例えば〈する〉であれば、方言によって、/s/しか使用しない方言や、/se/しか使用しない方言、/s/も/se/も両方使用する方言がある。
　(2)の動詞語幹の分類は、本書で取り上げるほぼすべての方言に共通す

る。もちろん、個々の語彙の所属が方言によって異なる場合がある。

　動詞語幹の基底形の設定方法であるが、具体的に(2)は以下のようにして設定される。下崎山方言を例に取り、その動詞の活用を表にしてみると、次のようになる。

【表1】　下崎山方言の動詞活用形

	〈書く〉	〈取る〉	〈出る〉	〈する〉
未然形	kakaN	toraN	deN	ʃeN seN
連用形	kaʔ	toʔ	de	ʃi
終止形	kaʔ	toʔ	dzuʔ	suʔ
仮定形	kakeba	toreba	dereba	sureba sereba
命令形	kake (ː)	tore (ː)	dere	sere (ː)

【表1】では左端縦列に活用形を、1行目に当該の動詞の意味を書いている。[1] ここで、各動詞の欄を縦に見ていくと、活用形が変わっても、変化しない部分と変化する部分があることが分かる。変化しない部分を「語幹(stem)」と呼ぶとすると、例えば〈書く〉では/kak/が語幹ということになる。〈書く〉の場合、連用形・終止形では[kaʔ]というように、単語末に[ʔ]が現れているが、これは音韻交替によって派生されたものと考えられる。例えば、終止形の基底形は/kak+Q/と仮定できる。[2] これに、次のような2つの音韻ルールが適用されることによって、適格な派生が成されると考える。[3]

(3) a.　促音化ルール：

　　　　[-syl, -nas, -cont]の分節音を、/Q/の直前で消去せよ。

b. 喉頭化ルール：
　　　[+son] を持つ分節音または単語境界の直前で、/Q/ を /ʔ/ に交替させよ。

　これらの音韻ルールによって、〈書く〉は /kak+Q/ → (3a) → /ka+Q/ → (3b) → /ka+ʔ/ → [kaʔ] という派生過程を辿るのである。〈書く〉の場合、連用形・終止形以外では、語幹末分節音 /k/ が音声形 [k] として現れているので、/kak/ という基底形を仮定しなければならないだろう。同様に、〈取る〉では /tor/ と仮定することができる。
　〈出る〉では、/de/ を語幹として抜き出すことができる。しかし、終止形は [dzuʔ] となっており、/du/ のような語幹も設定できる可能性がある。そうすると、〈出る〉は /de/ 〜 /du/ という 2 つの語幹を持つ不規則動詞ということになる。このように下一段活用動詞が 2 つの語幹を持つ現象を、伝統的な方言学では「下二段活用の残存」と言っているが、本書では、2 つの語幹を設定せず、煩雑さを避けるために、/de/ という 1 つの語幹だけを仮定する。そして、終止形の場合には、/e/ が /u/ に交替するような音韻ルールを設けることにする。[4]
　〈する〉については語幹が 1 つに決まらない。活用形が変わるごとに、様々な語幹が登場する。従って、〈する〉については複数の語幹、即ち /se/ 〜 /su/ 〜 /s/ という 3 つの語幹を持つと規定される。3 つの語幹のうち /s/ は、連用形に使用される。連用形の基底形は /s+Q/ と仮定できる。これに、次のようなルールが適用される。

(4)a. 単語末子音群簡略化ルール：
　　　単語末で 2 つの子音が連続するとき、単語末の方の子音を消去せよ。
　b. i 挿入ルール：
　　　語幹末分節音 /s/ の直後に、/i/ を挿入せよ。

これらの音韻ルールの適用によって、/s+Q/ → (4a) → /s+/ → (4b) → /si+/ → [ʃi] という派生過程を辿るのである。これらのルールはテ形にも使用されるので、後の章でも登場する。(4a, b) は、〈貸す〉のような語幹末分節音が /s/ で終わる動詞にも適用される。例えば、〈貸し〉は /kas+Q/ → (4a) → /kas+/ → (4b) → /kasi+/ → [kaʃi] という派生過程を辿る。

ここではすべての動詞を挙げることはできないが、以上のような手順を経て、(2) の動詞の基底形は設定されるのである。

本書では、語幹末分節音が α で終わる動詞を「α 語幹動詞」と呼ぶことにする。例えば、/kak/〈書く〉は、語幹末分節音が /k/ で終わるので、「k 語幹動詞」と呼ぶ。また、i, e 語幹動詞は、語幹の音節数によって、それぞれ 2 種類のグループに分けて考えることにする。語幹が 1 音節である i, e 語幹動詞をそれぞれ「i1 語幹動詞」「e1 語幹動詞」と呼び、語幹が 2 音節以上である i, e 語幹動詞をそれぞれ「i2 語幹動詞」「e2 語幹動詞」と呼ぶ。例えば、/mi/〈見る〉は「i1 語幹動詞」であり、/uke/〈受ける〉は「e2 語幹動詞」である。

3.1.2. r 語幹化

テ形現象を記述する上で、重要な要素となる現象として r 語幹化（ラ行五段化）がある。r 語幹化の現象とは何かを知るために、サンプルとして下崎山方言の動詞の否定形（接辞は /aN/)・完了形（接辞は /ta/) を見てみる。次にデータを挙げる。

（5） i 語幹動詞：
  a. 否定形：?[miN], [miraN]〈見ない〉
     *[kiN], [kiraN]〈着ない〉
     ?[okiN], [okiraN]〈起きない〉
     ?[sugiN], [sugiraN]〈過ぎない〉
  b. 完了形：[mita],*[mitta]〈見た〉
     [kita],*[kitta]〈着た〉

[okita], [okitta] 〈起きた〉
[sugita], [sugitta] 〈過ぎた〉

（6） e 語幹動詞：
    a.　否定形： [deɴ], ?[deraɴ] 〈出ない〉
                [neɴ], [neraɴ] 〈寝ない〉
                [ukeɴ], *[ukeraɴ] 〈受けない〉
                [ɸuteɴ], *[ɸuteraɴ] 〈捨てない〉
                [haimeɴ], *[haimeraɴ] 〈始めない〉
                [kanʤeɴ], *[kanʤeraɴ] 〈数えない〉
                [aratameɴ], *[aratameraɴ] 〈改めない〉
    b.　完了形： [deta], *[detta] 〈出た〉
                [neta], *[netta] 〈寝た〉
                [uketa], *[uketta] 〈受けた〉
                [ɸuteta], *[ɸutetta] 〈捨てた〉
                [haimeta], *[haimetta] 〈始めた〉
                [kanʤeta], *[kanʤetta] 〈数えた〉
                [aratameta], *[aratametta] 〈改めた〉

ここから分かるように、i 語幹動詞では [r] が現れる形（[miraɴ], [okitta] など）が適格で、[r] が現れない形（[miɴ] など）は不適格になっている。即ち、i 語幹動詞では r 語幹化しているのである。例えば、〈見る〉の語幹は /mi/ ではなく、/mir/ となっているのである。従って、〈見ない〉の場合、語幹 /mir/ に否定形（未然形）接辞 /aɴ/ が付与されて、/mir+aɴ/ → [miraɴ] という派生過程を辿ることになる。同様に、〈起きた〉の場合、動詞語幹は r 語幹化され、/okir/ となっている。そして、基底形 /okir+ta/ の語幹末分節音 /r/ に「逆行同化ルール」が適用されて、/okit+ta/ となり、最終的には [okitta] という形が派生されるのである。

一方、e 語幹動詞では [r] が現れる形（[deraɴ], [uketta] など）は不適格になっていて、[r] が現れない形（[deɴ], [uketa] など）が適格となっている。即ち、

e 語幹動詞では r 語幹化が起こっていないことになる。例えば、〈出る〉の語幹は /der/ ではなく /de/ である。この /de/ に接辞 /aN/ が付与され、/de+aN/ となり、これに「連続母音簡略化ルール」が適用され、/de+aN/ → /de+N/ → [deN] という派生過程を辿ると考えられる。[5] 〈受けた〉の場合は、r 語幹化していない語幹 /uke/ が使用され、uke+ta/ → [uketa] という派生過程を辿るのである。

　以上のように、〈見る〉〈出る〉の語幹は、下崎山方言ではそれぞれ /mir/, /de/ として辞書に登録されている。従って、今まで i 語幹動詞と考えていた動詞は、実は r 語幹化した r 語幹動詞なのである。テ形現象では動詞語幹末分節音の違いが重要な要素となるので、r 語幹化現象はテ形現象に大きく関連してくるのである。

3.1.3. 接辞
テ形の接辞の基底形は、以下記述編で示すが、/te/, /ti/ などである。

3.1.4. 接辞の直後の要素
テ形接辞の直後には、補助動詞や助詞が来ることがある。補助動詞には [kita]〈きた〉, [koi]〈こい〉, [kuru]〈くる〉, [miro] ~ [mire:]〈みろ〉, [kure]〈くれ〉, [no:] ~ [mijai]〈みなさい〉などがあり、助詞には [kaʔ]〈から〉などが現れる。もちろん、音声形は方言によって異なる場合がある。本書でデータを挙げる際には、これらの要素までも含めた形で挙げる。

3.2. 語形成部門
本節では、動詞テ形の語形成を示しておく。本書で挙げる動詞テ形は、基本的に「動詞語幹＋テ形接辞」から形成される。

　例えば、下崎山方言の〈書いてきた〉の基底形は、次のように表される。

（7）　/ kak + te # ki + ta /

この形が、語形成部門の出力 (output) であり、音韻部門の入力 (input) となる。

　生成音韻論の 1 つの枠組みである語彙音韻論 (Lexical Phonology) では、境界記号として [ ] を用い、(7) を [[[kak]te][[ki]ta]] と表す表記法を採用している (cf. Mohanan (1986))。[ ] という表記法を採用することによって、表記上だけでなく、音韻ルールの定式化も簡潔になる。しかも、それによって、同じ形態音韻的な振舞いを表す音韻ルールを、同じ「層 (stratum)」を持つ形態論 (morphology) に組み込むことができる。しかし、本論文では、「層 (stratum)」の概念などを記述装置として利用しないので、(7) の表記法を採用する。

3.3. 音韻部門

音韻部門では、(7) のような語形成部門の出力に複数の音韻ルール (phonological rule) が適用される。音韻ルールは弁別素性によって記述される。従って、本節ではまず本書で使用される分節音の弁別素性を示し、次に音韻ルールについて述べる。

3.3.1. 弁別素性

本書で使用される分節音の素性行列 (feature matrix) を次に挙げる。弁別素性は + (プラス) または - (マイナス) という 2 値のいずれかを取る。

【表 2】 子音の素性行列

	w	b	m	s	k	g	r	t	n
syllabic (成節性)	-	-	-	-	-	-	-	-	-
coronal (舌頂性)	-	-	-	+	-	-	+	+	+
continuant (継続性)	-	-	-	+	-	-	-	-	-
nasal (鼻音性)	-	-	+	-	-	-	-	-	+

まず、[syllabic] は音節の核を成すかどうかで値が決定される。一般的に、母音や流音 (liquid) は＋、子音やわたり音は－の値を取る。[coronal] は舌頂が高い位置にあるかどうかといった調音点に関する弁別素性である。/s, r, t, n/ は＋の値を取り、それ以外の子音は－の値を取る。[continuant] は調音法として継続性があるかどうかを基準とする。子音では /s/ のみが＋の値を取る。[nasal] は調音法として鼻腔に呼気が流れるかどうかで値が決まる。いわゆる鼻音は＋の値を取る。

Chomsky & Halle (1968) では、これらの他にも弁別素性を仮定しているが、テ形現象及び関連現象を記述する上では、上述の 4 つの弁別素性があれば十分である。

本書では、議論の都合上、【表2】以外の弁別素性もいくつか扱うが、それらはその都度説明する。

3.3.2. 音韻ルール

生成音韻論の枠組みでは、「基底形 (underlying form)」と「音声形 (phonetic form)」とは「音韻ルール (phonological rule)」で関連付けられている。音韻ルールによって基底形から音声形へと変換していく過程を「派生 (derivation)」あるいは「派生過程 (derivational process)」と呼んでいる。

さて、テ形現象では派生過程はどのようになっているのだろうか。次のような派生過程が想定できよう。

（8）　基底形：動詞語幹＋テ形接辞
　　　　　　　↓←ルール群
　　　音声形：動詞テ形

まず、辞書から適当な動詞語幹の基底形とテ形接辞の基底形が選択される。それらが語構成によって結びつく。そうやってできあがったテ形の基底形に、様々な音韻ルールが適用され、結果的に適格なテ形の音声形が出力される。

テ形現象を記述する際、音韻ルールは次のような書式を採用する。

（9）a. e消去ルール：語幹末分節音がXでないとき、テ形接辞 /te/ の /e/ を消去せよ。
　　b. 逆行同化ルール：単語末の子音を、直後の子音と同化させよ。
　　c. 単語末子音群簡略化ルール：単語末で2つの子音が連続するとき、後ろ側の子音を消去せよ。
　　d. 単語末有声子音鼻音化ルール：単語末の有声子音を鼻音化せよ。

音韻ルールの書式には、(9)のような散文で表す書式の他に、数学的な定式を用いる場合がある。例えば、(9c)は次のような書式で表すことができる。

(10)　　C → φ / C ___ #

しかし、本書では、特別な事情がない限り、(9)のような散文での定式化を行う。

註

1　活用形の名称は、いわゆる学校文法で伝統的に用いられているものを利用する。
2　ここでの /Q/ は [+cons, -syl, +glottal] という指定のみが成されている分節音である。[glottal] は喉頭音性を表す弁別素性である。
3　これらの音韻ルールは有元光彦(1988)から引用する。ただし、書式及び内容の面で改訂している箇所がある。
4　ここには、様々な考え方がある。下二段活用動詞をすべて不規則動詞と考える方法、下二段活用動詞を1つのカテゴリーとして立てるという方法、など動詞の分類にも関わってくる。本書で採用する、「e～u交替ルール」なるものを設定するという考え方も1つの方法ではあるが、この音韻ルールがあまり自然な交替ではないことから考えると、望ましい案ではないのかもしれない。しかし、この音韻ルールはテ形では使用

されないので、この問題に関する議論は保留する。
5 「連続母音簡略化ルール」は次のように仮定される。
   (i) 連続母音簡略化ルール：
       形態素境界を挟んで、母音が 2 つ連続するとき、2 つ目の母音を消去せよ。

第 3 章　問題提起

　以上第 1 章・第 2 章において、従来の研究では語彙的・個別的な研究が多いこと、今後は真の意味で体系的な研究が必要であること、体系的な研究として本書でテ形現象を詳述すること、本書の目的はテ形現象の記述だけでなく、「方言差とは何か」という問いに答えることであるということ、そのためのツールとして生成音韻論を利用し理論的な研究をすること、を述べてきた。

　本書で問題としている点を再確認しておく。次の通りである。

(1) a. 方言の類似性・差異性とは何か。どのように記述されるのか。
　　b. それを解明するための最適な現象はないか(「テ形現象」)。
　　c. テ形現象とはどのようなものか。
　　d. 各方言のテ形現象にはどのような類似性(相互関係)・差異性(方言差)があるか。
　　e. テ形現象の本質は何か。
　　f. テ形現象に深く関連する現象はないか。どのようなものか。
　　g. テ形現象及び関連現象を説明するための理論的モデルを考えられないか。
　　h. 方言の類似性・差異性を説明するための理論的モデルを考えられないか。

(1a, h) は本書の最終的な課題である。その他の問題はすべて、これら 2 つ

の問題を指向している。(1b, c, d, e) は本書の対象である「テ形現象」に関する問題である。これらの中でも中心的課題は (1e) である。(1f) は、テ形現象に相対する現象を示唆するものである。これら 2 つの現象は同じ天秤に乗った、いわばライバルである。(1g) はテ形現象の理論構築を目指したものである。この問題は最終的には (1h) に行き着くのであるが、本書では 1 つの考え方を示している。

第2部

記述編

本編では、各方言のテ形現象のデータを挙げ、分析を行っていく。

第1章　方言タイプの分類

本章では、テ形現象を基準とした九州西部方言の方言タイプを示す。本来ならば、テ形現象の分析をすべて行った上で初めて明らかになるものであるが、全体像を鳥瞰するためにも、先に挙げておく。

　何を基準にするかによって分類は大きく変わってくるが、テ形現象においては、動詞の種類の違いによって適格性に違いがあるかどうか、即ち適格性に何らかの制限があるかどうかということが本質的であるので、この点から次のように大きく分類する。[1]

（１）　方言タイプ：

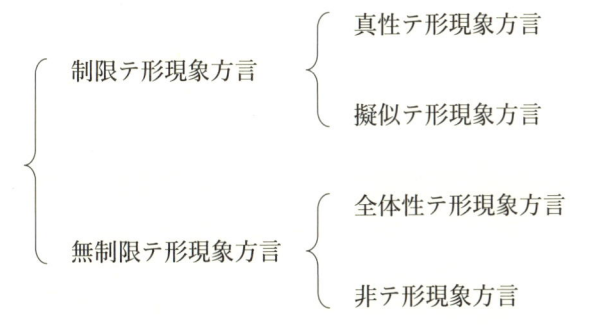

$$\begin{cases} \text{制限テ形現象方言} \begin{cases} \text{真性テ形現象方言} \\ \text{擬似テ形現象方言} \end{cases} \\ \text{無制限テ形現象方言} \begin{cases} \text{全体性テ形現象方言} \\ \text{非テ形現象方言} \end{cases} \end{cases}$$

　まず、上位の方言タイプとして、「制限テ形現象方言」と「無制限テ形現象方言」の2タイプを立てる。前者はテ形現象に何らかの制限を持つ方言タイプ、後者はそれを持たない方言タイプである。これらの方言タイプの下位分類として、それぞれ2種類ずつの方言タイプを立てる。

制限テ形現象方言には、「真性テ形現象方言」と「擬似テ形現象方言」が含まれる。前者は、前述の下崎山方言のように、まさにテ形現象に制限を持つ方言タイプである。後者は、ある動詞によって適格性に制限があるという点では、真性テ形現象方言と類似している。真性テ形現象方言と異なる点は、「テ」に相当する部分に促音や撥音ではなく、他の音声が現れることである。

　無制限テ形現象方言には、「全体性テ形現象方言」と「非テ形現象方言」を立てる。前者は、すべての動詞にわたって、「テ」に相当する部分に促音か撥音が現れるタイプである。後者は、すべての動詞にわたって、「テ」に相当する部分に促音や撥音が全く現れない方言である。

　本書では、(1)を方言タイプの名称として使用するが、特に現象そのものを表す場合には、「真性テ形現象」「全体性テ形現象」などのように、「方言」という用語を取り除いた形で使用する。そして、すべての現象を総称し、「テ形現象」と呼ぶ。

　以下記述編では、それぞれの方言タイプのデータを挙げつつ記述していく。

註

1　真性テ形現象方言とは、有元光彦(2002)で「真テ形現象方言」、有元光彦(2004a, c)で「テ形現象方言」と呼んでいたものである。全体性テ形現象方言とは、有元光彦(2004a, c)で「反テ形現象方言」と呼んでいたものである。これらの名称、及び制限テ形現象方言・無制限テ形現象方言という名称は今回新たに導入したものである。有元光彦(2005a)では「有性テ形現象方言」「無性テ形現象方言」という名称を導入していたが、本書では使用しない。

第 2 章　方言タイプの記述

本章では、前章で分類した 4 種類の方言タイプ、即ち真性テ形現象方言・非テ形現象方言・全体性テ形現象方言・擬似テ形現象方言をそれぞれ順に観察していく。

1.　真性テ形現象方言

本章では、真性テ形現象方言を観察することによって、真性テ形現象を記述するための諸ルールの定式化を行い、真性テ形現象方言の方言差を明示する。真性テ形現象方言の下位方言タイプとしては 7 種類に分類できる。まず、下位方言タイプを順に記述し、その後、それらを比較することにする。

1.1.　真性テ形現象方言の記述

本節では、7 タイプの方言を記述していく。7 タイプの方言は、各節で記述するように、各方言の子音語幹動詞において、共通語の「テ」に相当する部分に現れる音声及びその分布を基準に分類されている。それらを便宜上順に「タイプ A 方言」「タイプ B 方言」……「タイプ G 方言」と呼ぶことにする。各タイプの方言は、以下の各節に見られるように、さらに下位分類される。

1.1.1.　タイプ A 方言

このタイプに属する方言には、長崎県五島列島福江島の旧市街地以外・久賀島(ひさか)・奈留島(なる)の一部・中通島(なかどおり)の一部・宇久島(うく)の一部の方言がある。従って、

五島列島の大部分の方言は、このタイプに属する。

1.1.1.1. データ

まず、【表1】に動詞テ形のデータを挙げる。タイプA方言は4つの方言群に下位分類される。「タイプ Ab, Ac, Ad, Ae 方言」のアルファベット記号については後述する。

本章で挙げるデータの表には、左列に語幹の基底形と意味が、中列にデータが、右列にデータの意味が書いてある。データ、即ち音声形は音声記号で記してある。

第 2 章　方言タイプの記述　33

【表1】　タイプ A 方言データ

語幹	タイプ Ab	タイプ Ac	タイプ Ad	タイプ Ae	意味
/kaw/〈買う〉	kokkita	kokkita	kokkita	kokkita	買ってきた
/orab/〈叫ぶ〉	oroŋkita	oroŋkita	oroŋkita	oroŋkita oraŋkita	叫んできた
/jom/〈読む〉	joŋkita	joŋkita	joŋkita	joŋkita	読んできた
/kas/〈貸す〉	kakkita	k(j)akkita	k(j)akkita	kakkita	貸してきた
/kak/〈書く〉	kakkita	k(j)akkita	k(j)akkita	kakkita	書いてきた
/ojog/〈泳ぐ〉	ojoŋkita	ojoŋkita[1]	oeŋkita	koŋkita[2]	泳いできた
/tor/〈取る〉	tottekita	tottekita	tottekita	tottekita	取ってきた
/kat/〈勝つ〉	kattekita	kattekita	kattekita	kattekita	勝ってきた
/sin/〈死ぬ〉	ʃindemiro	ʃindemiroka	ʃindemire	ʃindekaʔ[3]	死んでみろ
/mi/〈見る〉	mitekita *mikita *mikkita	mitekita *mikita *mikkita	mitekita *mikita *mikkita	mitekita *mikita !mikkita	見てきた
/oki/〈起きる〉	okitekita *okikkita	okikkita	okitekita *okikkita	okitekita !okikkita	起きてきた
/de/〈出る〉	detekita *dekita dekkita	detekita *dekita *dekkita	detekita *dekita *dekkita	detekoi[4] !dekkoi *dekita	出てきた
/uke/〈受ける〉	ukekkita	ukekkita	ukekkita	uketekita !ukekkita	受けてきた
/i/〜/it/〈行く〉	ittekita *itekita *ikita	ittekita *itekita *ikita	ittekita itekita *ikita	ittekita itekita *ikita	行ってきた
/ki/〈来る〉	kitemire *kiʔmire	kitemiranna *kiʔmiranna	kitemire *kimire	kitekaʔ[5] *kikkaʔ	来てみろ
/s/〜/se/〈する〉	sekkita *ʃikkita *sekita	ʃitekita *ʃikkita *sekita *sekkita[6]	ʃitekita !sekkita *ʃikkita *sekita	ʃitekaʔ[7] *sekkita *ʃikkita setekita	してきた

【表1】の4つのタイプの方言、即ち「タイプ Ab, Ac, Ad, Ae 方言」に属する方言は、それぞれ次の通りである。

(1) a. タイプ Ab 方言：下崎山・三井楽(みいらく)・玉之浦・有川・赤尾・曽根・飯良(いら)・平(たいら)・黒瀬$・船廻(ふなまわり)$・青方$・岩瀬浦$
b. タイプ Ac 方言：野々切(ののきれ)・久賀(ひさか)・蕨・奈良尾・小奈良尾(おならお)
c. タイプ Ad 方言：大浜・山下・大宝・岐宿・柏・荒川・福見・大串・榊ノ浦・間伏・日ノ島・続浜ノ浦・籠淵(こもりぶち)$・上ノ平$・若松$
d. タイプ Ae 方言：浦

(1)から分かるように、タイプ Ad 方言が地域的に最も広く分布している。地域名の直後の記号$は「音節数条件」が適用される方言であることを示すが、これについては後述する。

　【表1】を分かりやすくするために、共通語の「テ」に相当する部分の音声に注目して、再度まとめなおしてみると、次の【表2】のようになる。ここで、記号 Q はいわゆる促音を表し、記号 N はいわゆる撥音を表す。また、te/Q の記号 / は「または」という併用を表す。以下の表においても同様である。

第2章 方言タイプの記述　35

【表2】 タイプA方言の「テ」に相当する部分の音声

	タイプAb	タイプAc	タイプAd	タイプAe
w	Q	Q	Q	Q
b	N	N	N	N
m	N	N	N	N
s	Q	Q	Q	Q
k	Q	Q	Q	Q
g	N	N	N	N
r	te	te	te	te
t	te	te	te	te
n	de	de	de	de
i1	te	te	te	te/Q
i2	te	Q	te	te/Q
e1	Q	te	te	te/Q
e2	Q	Q	Q	te/Q
/i/ ～ /it/	te	te	te	te
/ki/	te	te	te	te
/s/ ～ /se/	te/Q	te/Q	te/Q	te

　【表2】から分かるように、4タイプの方言では、子音語幹動詞に方言差は見られない。一方、母音語幹動詞には方言差が見られる。これらの方言差を表すために、タイプ分類にアルファベット記号を用いることにする。例えば「タイプAb方言」と言う場合、大文字の「A」の部分は子音語幹動詞におけるタイプ分類を表し、小文字の「b」の部分は母音語幹動詞におけるタイプ分類を表す。

　子音語幹動詞におけるタイプ分類は、以下の各節で述べるように、タイプA～Gの7タイプの方言に分類している。一方、母音語幹動詞におけるタイプ分類は、次のように分類する。記号Vは母音語幹動詞を表す。記号a～eは便宜上順に付しただけである。

(2) a. Va = i1
　　b. Vb = i1, i2
　　c. Vc = i1, e1
　　d. Vd = i1, i2, e1
　　e. Ve = i1, i2, e1, e2

(2)は、共通語の「テ」に相当する部分が [te] で現れる母音語幹動詞の語幹末分節音を、タイプ分類したものである。(2)は、論理的に考えられるすべての組み合わせを示したものではなく、本論文で扱う方言に現れたものだけを挙げたものである。従って、(2)以外の組み合わせを持つ方言、例えば V=i1, e1, e2 を持つ方言などは現時点では存在しない。以下の各節においても、母音語幹動詞を扱う際には(2)のタイプ分類を用いる。

　さて、【表2】から分かることは、次のようなことである。

(3) A. 子音語幹動詞において、
　　 a. 共通語の「テ」に相当する部分には、促音・撥音・[te]・[de] が現れている。
　　 b. 促音で現れる場合は、語幹末分節音が /w, s, k/ のときである。
　　 c. 撥音で現れる場合は、語幹末分節音が /b, m, g/ のときである。
　　 d. [te] で現れる場合は、語幹末分節音が /r, t/ のときである。
　　 e. [de] で現れる場合は、語幹末分節音が /n/ のときである。
　　B. 母音語幹動詞において、
　　 a. 共通語の「テ」に相当する部分には、促音・[te] が現れている。
　　 b. 促音で現れる場合は、語幹末分節音が、タイプ Ab 方言では /e1, e2/ のときである。タイプ Ac 方言では /i2, e2/ のときである。タイプ Ad 方言では /e2/ のときである。タイプ Ae 方言では /i1, i2, e1, e2/ のときである。
　　 c. [te] で現れる場合は、語幹末分節音が、タイプ Ab 方言では /i1, i2/ のときである。タイプ Ac 方言では /i1, e1/ のときである。タ

イプ Ad 方言では /i1, i2, e1/ のときである。タイプ Ae 方言では /i1, i2, e1, e2/ のときである。
C. 不規則動詞において、
   a. 共通語の「テ」に相当する部分には、促音・[te] が現れている。
   b. 促音で現れる場合は、タイプ Ab 方言では /se/ のときである。タイプ Ac 方言では /se/ のときである。タイプ Ad 方言では /se/ のときである。
   c. [te] で現れる場合は、タイプ Ab 方言では /i/ 〜 /it/, /ki/, /s/ のときである。タイプ Ac 方言では /i/ 〜 /it/, /ki/, /s/ のときである。タイプ Ad 方言では /i/ 〜 /it/, /ki/, /s/ のときである。タイプ Ae 方言では /i/ 〜 /it/, /ki/, /s/ のときである。

以上のように、共通語の「テ」に相当する部分に現れる音声の種類、及びその分布が問題となり、そこに方言差があることが分かる。

さて、ここでデータの問題が1つある。それは、(1) のタイプ Ab, Ad 方言の中で、記号 $ が付いている方言においてである。これらの方言の s 語幹動詞には、音節数条件が絡んだデータが現れている。例えば、船廻方言（タイプ Ab 方言）の s 語幹動詞では、1 音節語幹 /kas/〈貸す〉、/sas/〈刺す〉のテ形 ?[kakkita]〈貸してきた〉、*[sakkoi]〈刺してこい〉は不適格になっているにもかかわらず、2 音節以上の語幹 /hadus/〈外す〉、/ukkoros/〈殺す〉のテ形 [haʤikkita]〈外してきた〉、[ukkorekkita]〈殺してきた〉は適格となっている。即ち、語幹の音節数の違いによって、共通語の「テ」に相当する部分に促音が現れる形式の適格性が決まるのである。この事実を記述するためには、「1 音節の場合は排除する」というような音節数条件を設定すればいいのであるが、この方法を支持するような証拠が他にあるのかどうかが、現時点では不明である。(1) の記号 $ 付きの方言は、典型的なタイプに非常に類似した"亜種"とでも呼べるようなタイプ（「タイプ A'b, A'd 方言」と表記する）ではあるが、ここではこの議論については保留し、理論編（第 2 章 1.4.）で真性テ形現象の崩壊の問題として再度取り上げることにする。

1.1.1.2. 基底形
動詞語幹の基底形は、【表1】の左列に示したようになる（1.1.1.1. 参照）。テ形接辞の基底形は、[te] や [de] が現れる形式が見られることから、/te/ とすべきであろう。

1.1.1.3. 音韻ルールと派生過程
本節では、テ形現象を記述する諸ルールを仮定するとともに、諸ルールがどのように適用されていくかといった派生過程を示す。
　まず、[dekkita]〈出てきた〉について考えてみる。この音声形を派生するためには、次のようなプロセスを想定しなければならない。

（4）　基底形：/de+te#ki+ta/
　　　　　　　↓←ルール群
　　　音声形：[dekkita]

ここで適格な音声形を派生させるためには、まず①テ形接辞 /te/ の /e/ を消去し（「e 消去ルール」と呼ぶ）、次に②残った /t/ を直後の /k/ に同化させる（「逆行同化ルール」と呼ぶ）、という変換が必要になる。即ち、次のように具体化できる。

（5）　基底形：/de+te#ki+ta/
　　　　　　　↓←e 消去ルール
　　　　　de+t #ki+ta
　　　　　　　↓←逆行同化ルール
　　　　　de+k #ki+ta
　　　　　　　↓
　　　音声形：[dekkita]

　ここで、2つのルールを定式化してみる。まず、e 消去ルールについてで

あるが、このルールは他の動詞にも適用されるようである。即ち、e 消去ルールが適用される動詞は、テ形において、共通語の「テ」に相当する部分に促音や撥音が現れる形式を持つものである。そこで、(3A) を次のようにまとめ直してみる必要がある。

(6) 子音語幹動詞において、
   a. 共通語の「テ」に相当する部分には、促音・撥音・[te]・[de] が現れている。
   b. 促音や撥音で現れる場合は、語幹末分節音が /w, b, m, s, k, g/ のときである。
   c. [te] や [de] で現れる場合は、語幹末分節音が /r, t, n/ のときである。

すると、(6c) の /r, t, n/ が非継続的歯音 (discontinuant dental) という共通点を持っているのが分かる。従って、次のようなルールを仮定する。

(7) e 消去ルール：
   語幹末分節音が非継続的歯音でない動詞語幹に、テ形接辞 /te/ が続く場合、テ形接辞 /te/ の /e/ を消去せよ。

ここで問題となることは、(3Bc) である。次に、(3B) を再度挙げてみる。

(3)B. 母音語幹動詞において、
   a. 共通語の「テ」に相当する部分には、促音・[te] が現れている。
   b. 促音で現れる場合は、語幹末分節音が、タイプ Ab 方言では /e1, e2/ のときである。タイプ Ac 方言では /i2, e2/ のときである。タイプ Ad 方言では /e2/ のときである。タイプ Ae 方言では /i1, i2, e1, e2/ のときである。
   c. [te] で現れる場合は、語幹末分節音が、タイプ Ab 方言では /i1,

i2/ のときである。タイプ Ac 方言では /i1, e1/ のときである。タイプ Ad 方言では /i1, i2, e1/ のときである。タイプ Ae 方言では /i1, i2, e1, e2/ のときである。

(6c) では [te] や [de] で現れる場合に注目して、(7) を定式化したので、ここでも (3Bc) に注目してみる。すると、方言による違いはあるが、ある一定の語幹末母音のときに、促音ではなく [te] で現れていることが分かる。即ち、(3Bc) に書いてある語幹末母音は、非継続的歯音でもないにもかかわらず、/r, t, n/ と同じ振る舞いをしているのである。

ここに、r 語幹化の問題が絡んでいる。タイプ A 方言の母音語幹動詞の否定形を、次に挙げる。

【表3】 タイプ A 方言の母音語幹動詞の否定形

	タイプ Ab	タイプ Ac	タイプ Ad	タイプ Ae	意味
i1 語幹動詞	?miɴ miraɴ	*miɴ miraɴ	*miɴ miraɴ	&miɴ miraɴ	見ない
i2 語幹動詞	?okiɴ okiraɴ	(*) okiɴ okiraɴ	*okiɴ okiraɴ	-----	起きない
e1 語幹動詞	deɴ ?deraɴ	deɴ *deraɴ	deɴ deraɴ/*deraɴ	deɴ &deraɴ	出ない
e2 語幹動詞	ukeɴ *ukeraɴ	ukeɴ *ukeraɴ	ukeɴ *ukeraɴ	-----	受けない

【表3】から分かるように、まずタイプ Ab 方言では、i1, i2 語幹動詞の否定形では [r] が入った形が適格になっている。e1, e2 語幹動詞では [r] が入っていない形が適格である。従って、i1, i2 語幹動詞は r 語幹化しており、e1, e2 語幹動詞は r 語幹化していない。即ち、テ形において、〈見る〉〈起きる〉の語幹は、/mi/, /oki/ という i 語幹動詞ではなく、それぞれ /mir/, /okir/ という

r 語幹動詞となっているのである。次に、タイプ Ac 方言では、i1 語幹動詞が r 語幹化しており、i2, e1, e2 語幹動詞は r 語幹化していない。ただし、i2 語幹動詞では、[okiN] が蕨・奈良尾・小奈良尾方言で適格となっている。タイプ Ac 方言の r 語幹化については、インフォーマントによっても地域によってもかなりのバリエーションがあるようである。次に、タイプ Ad 方言では、i1, i2, e1 語幹動詞に [r] が入った形が適格として現れているため、r 語幹化していると言える。ただし、e1 語幹動詞では適格性の判断がインフォーマントによってゆれている。タイプ Ae 方言では、さらにゆれが激しい。データ漏れがあるが、おそらくインフォーマントによって適格性の判断にかなりのバリエーションが存在すると考えられる。

　以上から分かるように、地域による違いやインフォーマントによる違いが多少存在するが、r 語幹化する動詞の語幹末分節音は、(3Bc) に挙げてある語幹末分節音とおおよそ一致するのである。即ち、(3Bc) に挙げてある語幹末分節音は、すべて /r/ に書き換えることができるのである。最終的に、(3Bc) は (6c) に組み込むことができる。(6c) 自体は、次のように書き換えはない。

(6)c.　[te] や [de] で現れる場合は、語幹末分節音が /r, t, n/ のときである。

従って、(7) の「e 消去ルール」は変更する必要がなく、これが最終版になる。

　次に、「逆行同化ルール」についてであるが、(5) から分かるように、/de+t/ の /t/ が単語境界を挟んで直後にある /k/ に同化しているので、次のように定式化できる。

(8)　逆行同化ルール：
　　　単語末の子音を、その直後にある子音に同化せよ。

最終的に、(7), (8) によって、〈出てきた〉は適格に派生されることになる。

一方、[mitekita]〈見てきた〉には(7)は適用されない。このテ形の基底形は、次のようになる。

(9)　/ mir + te # ki + ta /

〈見る〉の語幹は /mir/ というように r 語幹化しているので、(7)は適用されない。従って、(9)には(8)も適用されない。しかし、(9)のままでは不適格な形が派生されるので、それを避けるためには、語幹 /mir/ の /r/ を、形態素境界を挟んで直後にある /t/ と同化させる必要がある。そうすると、次のような派生過程を辿ることになる。

(10)　基底形：/mir+te#ki+ta/
　　　　　　　↓←同化ルール
　　　音声形：[mittekita]

ここで気づくことは、ここで仮定された同化ルールと(8)が似ているということである。従って、これらを1つにまとめて、次のようなルールを立てることもできる。

(11)　逆行同化ルール：
　　　形態素末・単語末の子音を、その直後にある子音に同化せよ。

しかし、ここで注意しなければならないことがある。それは〈見てきた〉の音声形である。〈見てきた〉は(9)では [mittekita] となっているが、【表1】では [mitekita] が現れている。下崎山方言（タイプ Ab 方言）では [mittekita] も適格であるが、[mitekita] を派生するには、どうすればいいのだろうか。もし語幹に /mir/ という r 語幹化した語幹を仮定すると、後にその /r/ を消す必要が出てくる。しかも、消すタイミングは、e 消去ルールの適用後ということになる。e 消去ルールは語幹末分節音を参照 (refer) するルールである

ので、その参照が終了した後に、語幹末の /r/ を消去しなければならないのである。しかし、基底形で導入した /r/ をどうやって消せばいいのだろうか。/r/ を消去するトリガー(trigger)がないのである。「/mi/ という動詞である場合」というトリガーも考えられないことはないが、音韻ルールとしてはアドホック(ad hoc)なルールとなる。そこで、現時点での解決策としては、「r 語幹化の /r/ は不透明(opaque)である」という規定を立てるしかない。即ち、〈見てきた〉の基底形は /mi+te#ki+ta/ とし、/mi/ の直後に不透明な /r/ が存在し、e 消去ルールが参照するときにだけ /r/ が見える。そのような /r/ を仮定するのである。この問題は基底形という表示(representation)の問題であるので、奇妙なルールを仮定するよりは、基底形という表示に奇妙な行動をするものを仮定した方がいいのではないだろうか。結局のところ、この矛盾の問題も、データ不足によるものである。r 語幹化の現象は、活用形や地域による違いだけでなく、個人差も大きいようである。本書では、r 語幹化を論じる際に否定形(未然形)しか利用していないが、これは他の活用形に比べて r 語幹化の現象が現れやすい活用形であるからである。しかし、r 語幹化現象を真性テ形現象と連動させるためには、より広範囲な調査が必要となろう。

次に、[kakkita]〈書いてきた〉の場合はどうであろうか。以下に見るように、確かに e 消去ルールは適用できるが、その後の派生は [dekkita] と同様には扱えない。

(12)　基底形：/kak+te#ki+ta/
　　　　　　　↓ ← e 消去ルール
　　　　　　kak+t #ki+ta
　　　　　　　↓ ← ?
　　音声形：[kakkita]

(12)では、e 消去ルールが適用された後、/...k+t#k.../ というように子音が 3 つ連続する構造ができる。従って、ここでは三子音連続を二子音連続に変え

るルール（「単語末子音群簡略化ルール」と呼ぶ）が必要になる。このルールを次のように定式化する。

(13)　単語末子音群簡略化ルール：
　　　単語末で2つの子音が連続するとき、単語末の方の子音を消去せよ。

そうすると、次のような派生が想定できる。

(14)　基底形：/kak+te#ki+ta/
　　　　　　　↓←e消去ルール
　　　　　kak+t #ki+ta
　　　　　　　↓←単語末子音群簡略化ルール
　　　　　kak+ #ki+ta
　　　　　　　↓
　　　音声形：[kakkita]

[kakkita]〈書いてきた〉は適格に派生される。
　それでは、[ojoŋkita]〈泳いできた〉の派生過程はどうなるだろうか。以下に示す。

(15)　基底形：/ojog+te#ki+ta/
　　　　　　　↓←e消去ルール
　　　　　ojog+t #ki+ta
　　　　　　　↓←単語末子音群簡略化ルール
　　　　　ojog+ #ki+ta
　　　　　　↓←？
　　　　　ojoŋ+ #ki+ta
　　　　　　↓
　　　音声形：[ojoŋkita]

ここでは、語幹末分節音 /g/ を /ŋ/ と交替させるルールが必要になる。そのルールを以下のように規定する。

(16)　単語末有声子音鼻音化ルール：
　　　単語末の有声子音 /g, b, m, n/ を鼻音化せよ。

このうち /m, n/ はもともと鼻音であるので、これらの場合、(16)は空(vacuous)に適用される(適用されるが何も起こらない)。(16)の代わりに、/g, b/ だけに適用するようなルールを仮定することもできるが、その方がルールとしては煩雑になる。(16)では、/g, b, m, n/ を「有声子音」として括ることができ、これを弁別素性で表すと、[-syl, +voice] と指定することができる(弁別素性 [voice] は「有声性」を表す)。しかし、/g, b/ だけを弁別素性で表すと、[-syl, +voice, -nas] となり、指定される弁別素性が1つ多くなってしまう。従って、音韻ルールの環境指定をできるだけ簡潔にするために、(16)のようなルールを仮定し、/m, n/ に対しては(16)が空に適用されるといった考え方を採用する。

　最後に、[joŋkita]〈読んできた〉の派生過程を以下に挙げておく。

(17)　基底形：/jom+te#ki+ta/
　　　　　　　↓←e 消去ルール
　　　　jom+t #ki+ta
　　　　　　　↓←単語末子音群簡略化ルール
　　　　jom+ #ki+ta
　　　　　　　↓←単語末有声音鼻音化ルール
　　　　jom+ #ki+ta
　　　　　　　↓←逆行同化ルール
　　　　joŋ+ #ki+ta
　　　　　　　↓
　　音声形：[ojoŋkita]

ここで注意すべきことは、逆行同化ルールの定式化である。(17)では、完全同化ではなく、鼻音性という特徴を除く同化となっている。従って、(11)は次のように改訂される。

(18) 逆行同化ルール：
　　　形態素末・単語末の子音を、その直後にある子音に、鼻音性以外の点で、同化せよ。

ここでも、単語末有声子音鼻音化ルール(16)は空(vacuous)に適用される。一方、共通語の「テ」に相当する部分が [te] や [de] で現れる形は、以下のように派生される。例えば、〈死んでみろ〉は次のような派生過程を辿る。

(19) 基底形：/sin+te#mi+re/
　　　　　　　↓←有声性順行同化ルール
　　　　　sin+de#mi+re
　　　　　　　↓←逆行同化ルール
　　　音声形：[ʃindemire]

有声性順行同化ルールは、次のように定式化される。

(20) 有声性順行同化ルール：
　　　語幹末分節音が有声音であるとき、形態素境界を挟んで直後の子音を有声音にせよ。

(19)では、有声性順行同化ルール・逆行同化ルール以外は適用されない。逆行同化ルールは空に適用される。
　最後に、不規則動詞では〈してきた〉が問題となる。タイプ Ab, Ad 方言では [sekkita] が現れているが（タイプ Ad 方言ではインフォーマントによる適格性の差がある）、これは次のように派生される。

(21)　基底形：/se+te#ki+ta/
　　　　　　　↓←e 消去ルール
　　　　　　se+t #ki+ta
　　　　　　　↓←逆行同化ルール
　　　　　　se+k #ki+ta
　　　　　　　↓
　　　　音声形：[sekkita]

問題は、タイプ Ac, Ae 方言における [ʃitekita]〈してきた〉、[ʃitekaʔ]〈してから〉である。この〈してきた〉〈してから〉の基底形は、それぞれ /s+te#ki+ta/, /s+te#kaQ/ と仮定される。まず、このままでは e 消去ルールが適用されてしまうので、それを避けるためには、次のような「i 挿入ルール」が適用されなければならない。

(22)　i 挿入ルール：
　　　語幹末分節音 /s/ の直後に、/i/ を挿入せよ。

しかし、このルールを仮定すると、/kas/〈貸す〉において問題が生じる。(22) は /kas+te#ki+ta/〈貸してきた〉にも適用されるので、e 消去ルールよりも先に (22) が適用されると、適格な形である [kakkita] が派生されなくなるのである。この問題を避けるためには、タイプ Ac, Ae 方言の i 挿入ルールに「/s/〈する〉のみに適用される」という旨の但し書きを付けるしかない。即ち、(22) は次のように改訂される。

(23)　i 挿入ルール：
　　　/t/ で始まる活用接辞が動詞語幹に付与されたとき、語幹末分節音 /s/ の直後に、/i/ を挿入せよ。(ただし、/s/〈する〉のみに適用)

このように仮定されると、〈してから〉は次のように派生される。

(24)　基底形：/s+te#kaQ/
　　　　　　　　↓ ← i 挿入ルール
　　　　　　si+te#kaQ
　　　　　　　　↓
　　　　音声形：[ʃitekaʔ]⁸

以上いくつかの音韻ルールを仮定したが、それらを以下にまとめておく。

(25) a.　e 消去ルール：
　　　　語幹末分節音が非継続的歯音(/r, t, n/)でない動詞語幹に、テ形接辞/te/ が続く場合、テ形接辞 /te/ の /e/ を消去せよ。
　　b.　逆行同化ルール：
　　　　形態素末・単語末の子音を、その直後にある子音に、鼻音性以外の点で、同化せよ。
　　c.　単語末子音群簡略化ルール：
　　　　単語末で2つの子音が連続するとき、単語末の方の子音を消去せよ。
　　d.　単語末有声子音鼻音化ルール：
　　　　単語末の有声子音 /g, b, m, n/ を鼻音化せよ。
　　e.　有声性順行同化ルール：
　　　　語幹末分節音が有声音であるとき、形態素境界を挟んで直後の子音を有声音にせよ。
　　f.　i 挿入ルール：
　　　　/t/ で始まる活用接辞が動詞語幹に付与されたとき、語幹末分節音 /s/ の直後に、/i/ を挿入せよ。(ただし、/s/〈する〉のみに適用)

適用順序は (25a), (25c), (25d), (25e), (25b) であるが、すべてのルールにわたって外在的順序付け (extrinsic ordering) をする必要はない。少なくとも、「適用環境が合致すれば、適用される」としておけばよい。また、前述した

ように、(25f) はタイプ Ae 方言のみが持っている音韻ルールである。ここには、(25f)→(25a) という順序が必要となる。

1.1.2. タイプ B 方言

このタイプに属する方言としては、五島列島中通島(鯛之浦)及び熊本県天草市(旧本渡市)本町・天草市(旧天草郡)五和町御領・上天草市(旧天草郡)松島町阿村・上天草市大矢野町維和・天草市倉岳町棚底・天草市倉岳町浦の方言がある。後述するように、タイプ B 方言は、ある面ではタイプ A 方言に類似している。即ち、共通語の「テ」に相当する音声だけが異なり、その分布は同じなのである。

1.1.2.1. データ

まず、【表4】に動詞テ形のデータを挙げる。

【表4】タイプB方言データ

語幹	タイプBa	タイプBb	意味
/kaw/〈買う〉	kokkita	kokkita	買ってきた
/orab/〈叫ぶ〉	tokkita[9]	orokkita	叫んできた
/jom/〈読む〉	jokkita	jokkita	読んできた
/kas/〈貸す〉	kjakkita	kakkita	貸してきた
/kak/〈書く〉	kjakkita	kakkita	書いてきた
/ojog/〈泳ぐ〉	kekkita[10]	ojokkita	泳いできた
/tor/〈取る〉	tottekita *tokkita	tottekita *tokkita	取ってきた
/kat/〈勝つ〉	kattekita *kakkita	kattekita *kakkita	勝ってきた
/sin/〈死ぬ〉	ʃindemiŋka[11] *ʃimmiŋka	ʃindemire: *ʃimmire:	死んでみろ
/mi/〈見る〉	mitekita *mikkita	mitekita *mikkita	見てきた
/oki/〈起きる〉	okikkita	okitekita *okikkita	起きてきた
/de/〈出る〉	dekkita	dekkita	出てきた
/uke/〈受ける〉	ukekkita	ukekkita	受けてきた
/i/〜/it/〈行く〉	ittekita itekita itakkita[12]	ittekita itekita *ikkita	行ってきた
/ki/〈来る〉	kitemiro *kiʔmiro	kitemire: *kiʔmire:	来てみろ
/s/〈する〉	ʃitekita *ʃikkita *sekkita	ʃitekita *ʃikkita *sekkita	してきた

タイプBa方言には天草市本町・天草市五和町御領・天草市倉岳町浦の方言が属する。ただし、天草市本町方言では語幹が1音節であるとき、「テ」の

直前に長音が現れる（例：[ko:kkita]〈買ってきた〉、[de:kkita]〈出てきた〉）。五和町御領方言もこの点で類似しているが、必ずしも長音化しない場合がある（例：[jukkita]〈読んできた〉、[dekkita]〈出てきた〉）。詳細は不明である。タイプBb方言には五島列島中通島（鯛之浦）及び熊本県上天草市松島町阿村・上天草市大矢野町維和・天草市倉岳町棚底の方言が属する。維和方言は擬似テ形現象も持っている"共生"タイプであるが、詳細は理論編（第2章1.1.）を参照されたい。

　【表4】を分かりやすくするために、共通語の「テ」に相当する部分の音声に注目して、再度まとめなおしてみると、次のようになる。

【表5】　タイプB方言の「テ」に相当する部分の音声

	タイプBa	タイプBb
w	Q	Q
b	Q	Q
m	Q	Q
s	Q	Q
k	Q	Q
g	Q	Q
r	te	te
t	te	te
n	de	de
i1	te	te
i2	Q	te
e1	Q	Q
e2	Q	Q
/i/～/it/	te	te
/ki/	te	te
/s/～/se/	te	te

ここから分かることは、次のようなことである。

(26) A. 子音語幹動詞において、
    a. 共通語の「テ」に相当する部分には、促音・[te]・[de] が現れている。
    b. 促音で現れる場合は、語幹末分節音が /w, b, m, s, k, g/ のときである。
    c. [te] や [de] で現れる場合は、語幹末分節音が /r, t, n/ のときである。
  B. 母音語幹動詞において、
    a. 共通語の「テ」に相当する部分には、促音・[te] が現れている。
    b. 促音で現れる場合は、語幹末分節音が、タイプ Ba 方言では /i2, e1, e2/ のときである。タイプ Bb 方言では /e1, e2/ のときである。
    c. [te] や [de] で現れる場合は、語幹末分節音が /r, t, n/ のときである。
  C. 不規則動詞において、
    a. 共通語の「テ」に相当する部分には、[te] が現れている。
    b. [te] で現れる場合は、語幹末分節音が /i 〜 it/, /ki/, /s/ のときである。

タイプ A 方言と異なる点は、共通語の「テ」に相当する部分に撥音が現れていないことである。例えば、b, m, g 語幹動詞において、タイプ A 方言では撥音が現れているが、タイプ B 方言では促音が現れている。また、〈する〉においても、*[sekkita] が不適格である点が、タイプ A 方言と異なる点である。

1.1.2.2. 基底形

動詞語幹の基底形は、【表4】の左列に示したようになる（1.1.2.1. 参照）。

テ形接辞の基底形は、[te] や [de] が現れる形式が見られることから、/te/ とすべきであろう。

1.1.2.3. 音韻ルールと派生過程
基本的には、タイプA方言と同じルール群が適用される。従って、例えば [kakkita]〈書いてきた〉は次のように派生される。

(27) 基底形：/kak+te#ki+ta/
　　　　　　　↓←e消去ルール
　　　　　kak+t #ki+ta
　　　　　　　↓←単語末子音群簡略化ルール
　　　　　kak+ #ki+ta
　　　　　　　↓
　　　音声形：[kakkita]

子音語幹動詞においては、e消去ルールの適用環境は、タイプA方言の場合と同じである。
　問題は、タイプA方言と異なる音声形を持つ動詞の場合である。例えば [ojokkita]〈泳いできた〉の場合、次のような派生過程を仮定できる。

(28) 基底形：/ojog+te#ki+ta/
　　　　　　　↓←e消去ルール
　　　　　ojog+t #ki+ta
　　　　　　　↓←単語末子音群簡略化ルール
　　　　　ojog+ #ki+ta
　　　　　　　↓←？
　　　　　ojok+ #ki+ta
　　　　　　　↓
　　　音声形：[ojokkita]

共通語の「テ」に相当する部分は、タイプA方言では [ŋ]、即ち撥音で現れていたが、ここでは [k]、即ち促音で現れている。従って、(28)の記号？の時点で、単語末有声子音鼻音化ルールを適用してはいけない。タイプB方言は、単語末有声子音鼻音化ルールを持っていないのである。即ち、次のような派生過程を辿る。

(29)　基底形：/ojog+te#ki+ta/
　　　　　　　↓←e消去ルール
　　　　　ojog+t #ki+ta
　　　　　　　↓←単語末子音群簡略化ルール
　　　　　ojog+ #ki+ta
　　　　　　　↓←逆行同化ルール
　　　　　ojok+ #ki+ta
　　　　　　　↓
　　　　音声形：[ojokkita]

　一方、母音語幹動詞の派生に関しては、r 語幹化の問題が絡む。r 語幹化のデータ（母音語幹動詞の否定形）は、次の通りである。

【表6】　タイプB方言の母音語幹動詞の否定形

	タイプBa	タイプBb	意味
i1 語幹動詞	miɴ miraɴ	*miɴ miraɴ	見ない
i2 語幹動詞	okiɴ okiraɴ	-----	起きない
e1 語幹動詞	deɴ deraɴ	deɴ ?deraɴ	出ない
e2 語幹動詞	ukeɴ *ukeraɴ	-----	受けない

調査漏れもあるが、おおよそi1語幹動詞はr語幹化しており、i2, e1, e2語幹動詞はr語幹化していないように考えられる。従って、e消去ルールは、タイプA方言と同じものを持っていると仮定できる。〈出てきた〉の派生過程は、次の通りである。

(30)　基底形：/de+te#ki+ta/
　　　　　　　↓←e消去ルール
　　　　　de+t #ki+ta
　　　　　　　↓←逆行同化ルール
　　　　　de+k #ki+ta
　　　　　　　↓
　　　音声形：[dekkita]

注意すべきは、*[sekkita]〈してきた〉が不適格であることである。〈する〉は不規則動詞であるので、複数の語幹を持っているが、方言によって持っている語幹の種類が異なる。タイプB方言は /se/〈する〉という語幹をテ形では使わないと考えられる。[13] 従って、〈する〉の語幹は /s/ だけである。しかし、このままではe消去ルールの適用を受けてしまうので、e消去ルールが適用される前に、次のルールが適用されなければならない。(23)を再掲する。

(31)　i挿入ルール：
　　　/t/ で始まる活用接辞が動詞語幹に付与されたとき、語幹末分節音 /s/ の直後に、/i/ を挿入せよ。(ただし、/s/〈する〉のみに適用)

このルールはs語幹動詞(〈貸す〉など)に適用されてはいけないので、但し書きが必要となる。
　以上をまとめると、ここで適用される音韻ルールは、次の通りである。

(32) a. e 消去ルール：

　　語幹末分節音が非継続的歯音(/r, t, n/)でない動詞語幹に、テ形接辞 /te/ が続く場合、テ形接辞 /te/ の /e/ を消去せよ。

b. 逆行同化ルール：

　　形態素末・単語末の子音を、その直後にある子音に、鼻音性以外の点で、同化せよ。

c. 単語末子音群簡略化ルール：

　　単語末で2つの子音が連続するとき、単語末の方の子音を消去せよ。

d. 有声性順行同化ルール：

　　語幹末分節音が有声音であるとき、形態素境界を挟んで直後の子音を有声音にせよ。

e. i 挿入ルール：

　　/t/ で始まる活用接辞が動詞語幹に付与されたとき、語幹末分節音 /s/ の直後に、/i/ を挿入せよ。（ただし、/s/〈する〉のみに適用）

ここでは、(32e)→(32a) という外在的適用順序が必要となる。

1.1.3. タイプC方言

このタイプに属する方言には、五島列島福江島の旧市街地の方言がある。

1.1.3.1. データ

まず、【表7】に動詞テ形のデータを挙げる。

【表7】 タイプC方言データ

語幹	タイプCb	タイプCc	意味
/kaw/〈買う〉	kokkita	kokkita	買ってきた
/orab/〈叫ぶ〉	oraŋkita	oroŋkita	叫んできた
/jom/〈読む〉	joŋkita	joŋkita	読んできた
/hos/〈干す〉	hoʃitekita *hokkita	kaʃitekita[14] *kakkita	干してきた
/kak/〈書く〉	kakkita	kakkita	書いてきた
/ojog/〈泳ぐ〉	koŋkita[15]	ojoŋkita	泳いできた
/tor/〈取る〉	tottekita *tokkita	tottekita *tokkita	取ってきた
/kat/〈勝つ〉	kattekita *kakkita	kattekita *kakkita	勝ってきた
/sin/〈死ぬ〉	ʃindekaʔ *ʃiŋkaʔ	ʃindemiroka[16] *ʃimmiroka	死んでから
/mi/〈見る〉	mitekita *mikkita	mitekita *mikkita	見てきた
/oki/〈起きる〉	okitekita *okikkita	okikkita	起きてきた
/de/〈出る〉	dekkoi	detekita[17] *dekkita	出てこい
/uke/〈受ける〉	ukekkita	ukekkita	受けてきた
/i/〜/it/〈行く〉	ittekita itekita *ikkita	ittekita itekita *ikkita	行ってきた
/ki/〈来る〉	kitekaʔ *kikkaʔ	kitemiroː[18] *kiʔmiroː	来てから
/s/〈する〉	ʃitekita *ʃikkita *sekkita	ʃitekita *ʃikkita *setekita *sekkita	してきた

【表7】の2つのタイプの方言、即ち「タイプ Cb, Cc 方言」に属する方言は、それぞれ次の通りである。

(33) a. タイプ Cb 方言：中央町
    b. タイプ Cc 方言：丸木

いずれのタイプの方言も、それぞれ1つの方言しか確認していない。

　【表7】を分かりやすくするために、共通語の「テ」に相当する部分の音声に注目して、再度まとめなおしてみると、次のようになる。

【表8】　タイプC方言の「テ」に相当する部分の音声

	タイプ Cb	タイプ Cc
w	Q	Q
b	N	N
m	N	N
s	te	te
k	Q	Q
g	N	N
r	te	te
t	te	te
n	de	de
i1	te	te
i2	te	Q
e1	Q	te
e2	Q	Q
/i/ ～ /it/	te	te
/ki/	te	te
/s/ ～ /se/	te	te

ここから分かることは、次のようなことである。

(34) A. 子音語幹動詞において、
　　　a. 共通語の「テ」に相当する部分には、促音・撥音・[te]・[de] が現れている。
　　　b. 促音で現れる場合は、語幹末分節音が /w, k/ のときである。
　　　c. 撥音で現れる場合は、語幹末分節音が /b, m, g/ のときである。
　　　d. [te] で現れる場合は、語幹末分節音が /s, r, t/ のときである。
　　　e. [de] で現れる場合は、語幹末分節音が /n/ のときである。
　　B. 母音語幹動詞において、
　　　a. 共通語の「テ」に相当する部分には、促音・[te] が現れている。
　　　b. 促音で現れる場合は、語幹末分節音が、タイプ Cb 方言では /e1, e2/ のときである。タイプ Cc 方言では /i2, e2/ のときである。
　　　c. [te] で現れる場合は、語幹末分節音が、タイプ Cb 方言では /i1, i2/ のときである。タイプ Cc 方言では /i1, e1/ のときである。
　　C. 不規則動詞において、
　　　a. 共通語の「テ」に相当する部分には、[te] が現れている。
　　　b. [te] で現れる場合は、/i/ ～ /it/, /ki/, /s/ のときである。

タイプ A, B 方言と大きく異なる点は、s 語幹動詞で [te] が現れるということである。

1.1.3.2. 基底形

動詞語幹の基底形は、【表7】の左列に示したようになる（1.1.3.1. 参照）。テ形接辞の基底形は、[te] や [de] が現れる形式が見られることから、/te/ とすべきであろう。

1.1.3.3. 音韻ルールと派生過程

まず、子音語幹動詞においては、s 語幹動詞のみが、タイプ A, B 方言とは異なる振る舞いをしているので、e 消去ルールの適用環境を変える必要がある。即ち、e 消去ルールは s 語幹動詞に適用されてはいけないので、次のようになる。

(35) e 消去ルール：
語幹末分節音が /s, r, t, n/ でない動詞語幹に、テ形接辞 /te/ が続く場合、テ形接辞 /te/ の /e/ を消去せよ。

代わりに、s 語幹動詞には i 挿入ルールが適用される。タイプ A, B 方言では、i 挿入ルールに但し書きが付いていたが、タイプ C 方言ではそれが不要となる。従って、i 挿入ルールは次のように仮定される。

(36) i 挿入ルール：
/t/ で始まる活用接辞が動詞語幹に付与されたとき、語幹末分節音 /s/ の直後に、/i/ を挿入せよ。

このルールは、/s/〈する〉にも適用され、[ʃitekita]〈してきた〉という適格な形を派生する。次に、[hoʃitekita]〈干してきた〉の派生過程を示す。

(37) 基底形：/hos+te#ki+ta/
　　　　　↓ ← i 挿入ルール
　　　hosi+te#ki+ta
　　　　　↓
　　音声形：[hoʃitekita]

ここでは、i 挿入ルールしか適用されない。
その他の子音語幹動詞に関しては、タイプ A, B 方言と同様である。

一方、母音語幹動詞に関しては、同様にr語幹化の現象が絡む。r語幹化の実態は、次のデータから分かる。

【表9】 タイプC方言の母音語幹動詞の否定形

	タイプCb	タイプCc	意味
i1語幹動詞	*miN miraN	*miN miraN	見ない
i2語幹動詞	*okiN okiraN	*okiN okiraN	起きない
e1語幹動詞	deN *deraN	deN *deraN	出ない
e2語幹動詞	ukeN *ukeraN	ukeN *ukeraN	受けない

【表9】から分かるように、i1, i2語幹動詞では [r] が現れているので、r語幹化しているが、e1, e2語幹動詞では [r] が現れる形が不適格であるので、r語幹化していない。これは、2タイプの方言においてすべて同じである。従って、(35) のようにe消去ルールを仮定したのであれば、共通語の「テ」に相当する部分に、i1, i2語幹動詞においては [te] が現れ、e1, e2語幹動詞においては促音が現れるはずである。しかし、実際そのような分布になっている方言は、タイプCb方言だけである。それゆえ、タイプCb方言は、(35)のe消去ルールを持っていると言える。

タイプCc方言では、r語幹化の実態とe消去ルールの適用環境とがうまくかみ合っていないとしか言いようがない。この問題を解決するためには、r語幹化の実態を詳細に調査するしかない。その結果、「タイプCc方言ではi1, e1語幹動詞がr語幹化しやすい」といった実態が観察されたなら、e消去ルールとの連動がうまくかみ合っていると言えよう。

r語幹化現象は、非常に微妙な現象で、はっきりとその有無で二分できな

いようである (cf. 陣内正敬 (1981) など)。また、インフォーマントによってもかなりのバリエーションがあるようである。現時点では、今後の調査に期するしかない。

以上より、タイプC方言に適用される音韻ルールをまとめると、次のようになる。

(38) a. e 消去ルール：
語幹末分節音が /s, r, t, n/ でない動詞語幹に、テ形接辞 /te/ が続く場合、テ形接辞 /te/ の /e/ を消去せよ。
b. 逆行同化ルール：
形態素末・単語末の子音を、その直後にある子音に、鼻音性以外の点で、同化せよ。
c. 単語末子音群簡略化ルール：
単語末で2つの子音が連続するとき、単語末の方の子音を消去せよ。
d. 単語末有声子音鼻音化ルール：
単語末の有声子音 /g, b, m, n/ を鼻音化せよ。
e. 有声性順行同化ルール：
語幹末分節音が有声音であるとき、形態素境界を挟んで直後の子音を有声音にせよ。
f. i 挿入ルール：
/t/ で始まる活用接辞が動詞語幹に付与されたとき、語幹末分節音 /s/ の直後に、/i/ を挿入せよ。

タイプA, B方言とは異なり、(38a) と (38e) の間に外在的適用順序はない。

1.1.4. タイプD方言

このタイプに属する方言には、天草樋島(ひのしま)・天草下島の中西部・鹿児島県の南西部などの方言がある。

1.1.4.1. データ

まず、【表10】に動詞テ形のデータを挙げる。

【表10】 タイプD方言データ

語幹	タイプDa	タイプDb	タイプDc	意味
/kaw/〈買う〉	kokkita	kokkita	ko:kkita	買ってきた
/tob/〈飛ぶ〉	tokkita	orokkita[19]	to:kkita	飛んできた
/am/〈編む〉	jo:dekita[20] *joŋkita	andekita *aŋkita *akkita	o:dekita *okkita	編んできた
/kjas/〈貸す〉	kjakkita	ogekkita[21]	kja:kkita	貸してきた
/kak/〈書く〉	kjakkita	kekkita	kja:kkita	書いてきた
/ojog/〈泳ぐ〉	ojokkita oekkita	ojokkita	oe:kkita	泳いできた
/tor/〈取る〉	tottekita *tokkita	tottekita *tokkita	tottekita *tokkita	取ってきた
/kat/〈勝つ〉	kattekita *kakkita	kattekita *kakkita	kattekita *kakkita	勝ってきた
/sin/〈死ぬ〉	ʃindemiroka *ʃimmiroka	keʃindekure *keʃiŋkure	ʃindemire *ʃimmire	死んでくれ
/mi/〈見る〉	mitekita *mikkita	mitekita *mikkita	mitekita *mikkita	見てきた
/oki/〈起きる〉	okikkita	ogittekita *ogikkita	{okekkita}[22]	起きてきた
/de/〈出る〉	dekkita	dekkita	detekita *dekkita	出てきた
/uke/〈受ける〉	ukekkita	hodassekkita[23]	ʃittekkita[24]	受けてきた
/i/〜/it/〈行く〉	ittekita *itekita *ikkita	idakkita[25] *ikkita	itakkita[26] *ikkita	行ってきた
/ki/〈来る〉	kitemiro *kiʔmiro	kitekureŋka *kikkureŋka	kitekureŋka *kikkureŋka	来てくれないか
/s/〜/se/〈する〉	ʃitekita *ʃikkita *setekita *sekkita	sekkita	ʃitekita *ʃikkita *setekita *sekkita	してきた

【表10】の3つのタイプの方言、即ち「タイプ Da, Db, Dc 方言」に属する方言は、それぞれ次の通りである。

(39) a. タイプ Da 方言：樋島（天草）
　　 b. タイプ Db 方言：岡児ヶ水（鹿児島）
　　 c. タイプ Dc 方言：大江（天草）

どの下位タイプも、1方言ずつしか見つかっていない。
　【表10】を分かりやすくするために、共通語の「テ」に相当する部分の音声に注目して、再度まとめなおしてみると、次のようになる。

【表11】　タイプD方言の「テ」に相当する部分の音声

	タイプ Da	タイプ Db	タイプ Dc
w	Q	Q	Q
b	Q	Q	Q
m	de	de	de
s	Q	Q	Q
k	Q	Q	Q
g	Q	Q	Q
r	te	te	te
t	te	te	te
n	de	de	de
i1	te	te	te
i2	Q	te	{Q}
e1	Q	Q	te
e2	Q	Q	Q
/i/ ～ /it/	te	te	te
/ki/	te	te	te
/s/ ～ /se/	te	Q	te

ここから分かることは、次のようなことである。

(40) A. 子音語幹動詞において、
  a. 共通語の「テ」に相当する部分には、促音・[te]・[de] が現れている。
  b. 促音で現れる場合は、語幹末分節音が /w, b, s, k, g/ のときである。
  c. 撥音で現れる場合は、存在しない。
  d. [te] で現れる場合は、語幹末分節音が /r, t/ のときである。
  e. [de] で現れる場合は、語幹末分節音が /m, n/ のときである。
 B. 母音語幹動詞において、
  a. 共通語の「テ」に相当する部分には、促音・[te] が現れている。
  b. 促音で現れる場合は、語幹末分節音が、タイプ Da 方言では /i2, e1, e2/ のときである。タイプ Db 方言では /e1, e2/ のときである。タイプ Dc 方言では /{i2}, e2/ のときである。
  c. [te] で現れる場合は、語幹末分節音が、タイプ Da 方言では /i1/ のときである。タイプ Db 方言では /i1, i2/ のときである。タイプ Dc 方言では /i1, e1/ のときである。
 C. 不規則動詞において、
  a. 共通語の「テ」に相当する部分には、促音・[te] が現れている。
  b. 促音で現れる場合は、タイプ Db 方言の /se/ のときだけである。
  c. [te] で現れる場合は、タイプ Da, Dc 方言では /i/ ~ /it/, /ki/, /s/ のときである。タイプ Db 方言では /i/ ~ /it/, /ki/ のときである。

このタイプの方言は、先のタイプ A, B 方言と類似しているが、m 語幹動詞に [de] が現れる点で異なっている。

　問題は、タイプ Dc 方言の i2 語幹動詞である。タイプ Dc 方言では、ほとんどの i2 語幹動詞が e2 語幹動詞になっているようである。例えば、【表10】から分かるように、〈起きる〉の語幹は /oki/ ではなく /oke/ である（【表

10】では便宜上 i2 語幹動詞に含めている）。他にも、/tyaike/〈落ちる〉、/ore/〈降りる〉、/abe/〈浴びる〉などがある。すべての i2 語幹動詞を調査したわけではないので、明確なことは言えないが、ひょっとすると i2 語幹動詞は存在しないのかもしれない。この問題は保留するしかない。

以上が典型的なタイプ D 方言であるが、その"亜種"（タイプ D'a 方言）も存在する。熊本県天草上島の天草市有明町（島子）では、語幹末分節音が /g/ である 1 音節語幹動詞のときにも、「テ」が促音で現れる形が不適格になる（例：*[kekkita]〈漕いできた〉、[isekkita]〈急いできた〉、[oekkita]〈泳いできた〉）。ここには音節数条件が適用される。"亜種"の存在は非テ形現象化（テ形現象の崩壊）の兆しと考えられるが、詳細は理論編（第 2 章 1.4.）に譲る。

1.1.4.2. 基底形
動詞語幹の基底形は、【表 10】の左列に示したようになる（1.1.4.1. 参照）。テ形接辞の基底形は、[te] や [de] が現れる形式が見られることから、/te/ とすべきであろう。

1.1.4.3. 音韻ルールと派生過程
まず、子音語幹動詞における分布が、タイプ A, B, C 方言とは異なるので、e 消去ルールの適用環境も異なることになる。タイプ D 方言では、共通語の「テ」に相当する部分に [te] や [de] が現れる場合は、語幹末分節音が /m, r, t, n/ である動詞であるので、e 消去ルールは次のように仮定される。

(41)　e 消去ルール：
　　　語幹末分節音が /m, r, t, n/ でない動詞語幹に、テ形接辞 /te/ が続く場合、テ形接辞 /te/ の /e/ を消去せよ。

従って、例えばタイプ Da 方言の [jo:dekita]〈読んできた〉は、次のように派生される。

(42) 基底形：/jom+te#ki+ta/
　　　　　　↓←有声性順行同化ルール
　　　　　jom+de#ki+ta
　　　　　　↓←音便ルール
　　　　　joo+de#ki+ta
　　　　　　↓
　　音声形：[joːdekita]

ここでは、適用環境が合致しないため、e 消去ルールは適用されない。有声性順行同化ルールが適用された後、「音便ルール」が適用される。これは、初頭音に [t] を持つ活用接辞が語幹に付与される際、語幹末子音及びその直前の母音が融合して交替現象を起こすものである。これを一括して「音便」と呼び、音便を司るルール群を一括して「音便ルール」と呼ぶことにする。一括してしまうのは、音便現象の実態が明確になっていないからである。従って、音便ルールを暫定的に次のように仮定しておく。

(43) 音便ルール：
　　初頭音に [t] を持つ活用接辞が語幹に付与される際、語幹末子音及びその直前の母音が融合して、次のような音便現象を起こす。
　　　om → oo

他の音韻ルールに関しては、タイプ B 方言と同様に、適用される。例えば、タイプ Da 方言の [ojokkita]〈泳いできた〉の派生過程は次のようになる。

(44)　基底形：/ojog+te#ki+ta/
　　　　　　　↓←e 消去ルール
　　　　　ojog+t #ki+ta
　　　　　　　↓←単語末子音群簡略化ルール
　　　　　ojog+ #ki+ta
　　　　　　　↓←逆行同化ルール
　　　　　ojok+ #ki+ta
　　　　　　　↓
　　　　音声形：[ojokkita]

ただし、単語末有声子音鼻音化ルールは、共通語の「テ」に相当する部分に撥音が現れないので、タイプ D 方言には存在しない。

　次に、母音語幹動詞であるが、他のタイプの方言と同様、r 語幹化の問題が絡んでくる。その実態を次に挙げる。

【表12】　タイプ D 方言の母音語幹動詞の否定形

	タイプ Da	タイプ Db	タイプ Dc	意味
i1 語幹動詞	miɴ miraɴ	*miɴ miraɴ	miɴ ?miraɴ	見ない
i2 語幹動詞	okiɴ okiraɴ	*ogiɴ ogiraɴ	----- -----	起きない
e1 語幹動詞	deɴ deraɴ	deɴ deraɴ	deɴ *deraɴ	出ない
e2 語幹動詞	suteɴ *suteraɴ	hodasseɴ -----	ʃitteɴ *ʃitteraɴ	捨てない

まずタイプ Da 方言では、i1, i2, e1 語幹動詞は r 語幹化してもしなくてもよい。e2 語幹動詞では r 語幹化しないようである。【表11】より、i1 語幹動詞

だけに [te] が現れているので、おそらく〈見る〉の語幹は /mir/ となっているのであろう。そうすると、タイプ Da 方言では、e 消去ルールは (41) のままでよいことになる。タイプ Db 方言では、i1, i2 語幹動詞が r 語幹化しており、e1, e2 語幹動詞はしていないようである。従って、/mir/〈見る〉、/ogir/〈起きる〉の場合、(41) の e 消去ルールは適用されず、最終的には、共通語の「テ」に相当する部分が [te] で現れると考えられる。タイプ Db 方言でも、e 消去ルールは (41) のままでよい。タイプ Dc 方言では、調査漏れがあるが、少なくとも i1, e1, e2 語幹動詞は r 語幹化していないようである。しかし、i1, e1 語幹動詞のテ形には [te] が現れているので、ここに矛盾が起こる。タイプ C 方言の節 (1.1.3.) でも述べたが、「r 語幹化している語幹を持つ動詞のテ形には、共通語の「テ」に相当する部分が [te] で現れる」という整合性がある。ここでは、それが崩れているのである。ただし、1.1.3.3. でも述べたように、この問題を解決するためには、母音語幹動詞の調査を詳細に進めるしかない。従って、ここでは e 消去ルールの適用環境は (41) のままにしておく。

次に、不規則動詞に関してであるが、タイプ Db 方言の /se/〈する〉の場合にしか促音が現れていない。この場合、/se/ は /de/〈出る〉と同じく e1 語幹動詞とみなし、e 消去ルールの適用を受ける。従って、次のような派生過程を辿る。

(45)　基底形：/se+te#ki+ta/
　　　　　　　↓←e 消去ルール
　　　　　se+t #ki+ta
　　　　　　　↓←逆行同化ルール
　　　　　se+k #ki+ta
　　　　　　　↓
　　　音声形：[sekkita]

また、i 挿入ルールはタイプ Da, Dc 方言の /s/〈する〉にのみ適用される。

ただし、s 語幹動詞には適用されない。
　以上より、タイプ D 方言に適用される音韻ルールをまとめると、次のようになる。

(46) a. e 消去ルール：
　　　語幹末分節音が /m, r, t, n/ でない動詞語幹に、テ形接辞 /te/ が続く場合、テ形接辞 /te/ の /e/ を消去せよ。
　　b. 逆行同化ルール：
　　　形態素末・単語末の子音を、その直後にある子音に、鼻音性以外の点で、同化せよ。
　　c. 単語末子音群簡略化ルール：
　　　単語末で 2 つの子音が連続するとき、単語末の方の子音を消去せよ。
　　d. 有声性順行同化ルール：
　　　語幹末分節音が有声音であるとき、形態素境界を挟んで直後の子音を有声音にせよ。
　　e. i 挿入ルール：
　　　/t/ で始まる活用接辞が動詞語幹に付与されたとき、語幹末分節音 /s/ の直後に、/i/ を挿入せよ。（ただし、/s/〈する〉のみに適用）
　　f. 音便ルール：
　　　初頭音に [t] を持つ活用接辞が語幹に付与される際、語幹末子音及びその直前の母音が融合して、次のような音便現象を起こす。
　　　　om → oo

(46e), (46f) は、タイプ Da, Dc 方言だけが持っているルールである。

1.1.5. タイプ E 方言

このタイプに属する方言としては、天草下島（坂瀬川）の方言しか見つけていない。

1.1.5.1. データ

まず、【表13】に動詞テ形のデータを挙げる。坂瀬川方言は、下位タイプに分類すると、タイプEa方言である。

【表13】 タイプE方言データ

語幹	タイプEa	意味
/aruw/〈洗う〉	arukkita	洗ってきた
/hakob/〈運ぶ〉	hakokke:	運んでこい
/am/〈編む〉	odekita *oŋkita	編んできた
/kas/〈貸す〉	ke:tekita *kakkita	貸してきた
/kak/〈書く〉	kekkita	書いてきた
/ojog/〈泳ぐ〉	oekkita	泳いできた
/tor/〈取る〉	tottekure *tokkure	取ってくれ
/kat/〈勝つ〉	kattekita *kakkita	勝ってきた
/sin/〈死ぬ〉	ʃindemiro *ʃimmiro	死んでみろ
/mi/〈見る〉	mitekita *mikkita	見てきた
/oki/〈起きる〉	okikkita	起きてきた
/de/〈出る〉	dekkita	出てきた
/uke/〈受ける〉	ukekkita	受けてきた
/i/〜/it/〈行く〉	ittekita itekita *ikkita	行ってきた
/ki/〈来る〉	kiteminka *kiʔminka	来てみないか
/s/〜/se/〈する〉	ʃitekita *ʃikkita *sekkita	してきた

【表13】を分かりやすくするために、共通語の「テ」に相当する部分の音声に注目して、再度まとめなおしてみると、次のようになる。

【表14】 タイプE方言の「テ」に相当する部分の音声

	タイプEa
w	Q
b	Q
m	de
s	te
k	Q
g	Q
r	te
t	te
n	de
i1	te
i2	Q
e1	Q
e2	Q
/i/ ~ /it/	te
/ki/	te
/s/ ~ /se/	te

【表14】から分かることは、次のようなことである。

(47) a. 共通語の「テ」に相当する部分には、促音・[te]・[de] が現れている。
  b. 促音で現れる場合は、語幹末分節音が /w, b, k, g, i2, e1, e2/ のときである。
  c. [te] や [de] で現れる場合は、語幹末分節音が /m, s, r, t, n, i1/ 及び不規則動詞のときである。

子音語幹動詞に関しては、タイプC, D方言を混ぜたようなタイプとなっている。ただし、タイプD方言と同様、共通語の「テ」に相当する部分に撥

音が現れることはない。

　ただし、b, s 語幹動詞には音節数条件が見られる (cf. 1.1.1.)。例えば、b, s 語幹動詞で、2 音節以上の語幹を持つ動詞の場合は、促音で現れる形式が適格である（例：*[toŋkita]〈飛んできた〉（語幹は /tob/)、[okekkita]〈起こしてきた〉（語幹は /okos/)）。もし音節数条件を設定するのであれば、s 語幹動詞には Q が現れることになり、タイプ E 方言はタイプ D 方言に吸収される。しかし、データ不足の問題があるため、ここでは、これ以上の議論を保留する。

1.1.5.2. 基底形
動詞語幹の基底形は、【表13】の左列に示したようになる (1.1.5.1. 参照)。テ形接辞の基底形は、[te] や [de] が現れる形式が見られることから、/te/ とすべきであろう。

1.1.5.3. 音韻ルールと派生過程
まず、子音語幹動詞から見る。e 消去ルールは、m, s, r, t, n 語幹動詞で適用されないので、次のように仮定される。

(48)　e 消去ルール：
　　　語幹末分節音が /m, s, r, t, n/ でない動詞語幹に、テ形接辞 /te/ が続く場合、テ形接辞 /te/ の /e/ を消去せよ。

従って、例えば [odekita]〈編んできた〉は、次のように派生される。

(49)　基底形：/am+te#ki+ta/
　　　　　　　↓←有声性順行同化ルール
　　　　　am+de#ki+ta
　　　　　　↓←音便ルール
　　　　　o+de#ki+ta
　　　　　　↓
　　　　音声形：[odekita]

ここでは、タイプD方言とは異なる音便ルールが適用される。音便ルールは、m語幹動詞の場合だけでなく、s語幹動詞の場合も立てなければならない。従って、次のように改訂する。

(50)　音便ルール：
　　　初頭音に [t] を持つ活用接辞が語幹に付与される際、語幹末子音及びその直前の母音が融合して、次のような音便現象を起こす。
　　　　om → oo
　　　　am → o
　　　　as　→ ee

ただし、語幹末が /om/ である動詞が、タイプD方言と同様、/oo/ と交替するのかどうかは、調査漏れで不明である。
　次に、母音語幹動詞であるが、他の方言と同様、r語幹化が関連するので、そのデータを次に挙げる。

【表15】 タイプE方言の母音語幹動詞の否定形

	タイプEa	意味
i1語幹動詞	miN miraN	見ない
i2語幹動詞	okiN okiraN	起きない
e1語幹動詞	deN deraN	出ない
e2語幹動詞	suteN *suteraN	捨てない

このデータを見る限りでは、i1, i2語幹動詞は語幹の音節数に関係なくr語幹化してもしなくてもよい。しかし、i1語幹動詞のテ形は、[mitekita]〈見てきた〉というように、[te]が現れているので、〈見る〉の語幹は/mi/よりも/mir/の傾向が強いのであろう。i2, e1, e2語幹動詞に関しては、テ形の分布から判断する限りでは、r語幹化しない傾向が強いと考えられる。

r語幹化との整合性を考えても、e消去ルールは(48)のままでよい。

次に、不規則動詞に関してであるが、ここではi挿入ルールが/s/〈する〉に適用される。s語幹動詞に関しては、現時点の考え方では「i挿入ルールは適用されない」となっている。現時点の考え方では、s語幹動詞、例えば[ke:tekita]〈貸してきた〉は次のように派生される。

(51)　基底形：/kas+te#ki+ta/

　　　　　　↓←音便ルール

　　　　kee+te#ki+ta

　　　　　　↓

　　音声形：[ke:tekita]

しかし、この考え方の他にも、2つの考え方が考えられる。それらによる〈貸してきた〉の派生過程を次に示す。

(52)　基底形：/kas+te#ki+ta/

　　　　　　　↓ ← s/i 交替ルール

　　　　　kai+te#ki+ta

　　　　　　　↓ ←母音融合ルール

　　　　　kee+te#ki+ta

　　　　　　　↓

　　　　音声形：[keːtekita]

(53)　基底形：/kas+te#ki+ta/

　　　　　　　↓ ← i 挿入ルール

　　　　　kasi+te#ki+ta

　　　　　　　↓ ← s 消去ルール

　　　　　kai+te#ki+ta

　　　　　　　↓ ←母音融合ルール

　　　　　kee+te#ki+ta

　　　　　　　↓

　　　　音声形：[keːtekita]

まず、(52)は、語幹末分節音 /s/ が /i/ に交替し、派生された /ai/ に母音融合ルールが適用されるものである。一方、(53)は、語幹末分節音 /s/ が直接 /i/ に交替するのではなく、/s/ の直後に /i/ がまず挿入され、その後 /s/ が消去されるというものである。従って、(53)の考え方を採用すれば、「i 挿入ルール」は /s/〈する〉にも s 語幹動詞にも適用されるということになる。

　(51),(52),(53)のいずれの考え方を採用しても、テ形現象の本質には直接関わらないが、ここでは(53)の考え方を採用する。従って、i 挿入ルール・s 消去ルール・母音融合ルールはそれぞれ次のように仮定される。

(54)a.　i 挿入ルール：

　　　/t/ で始まる活用接辞が動詞語幹に付与されたとき、語幹末分節音

/s/ の直後に、/i/ を挿入せよ。
b. s 消去ルール：
/t/ で始まる活用接辞が動詞語幹に付与されたとき、語幹末の /i/ の直前の /s/ を消去せよ。
c. 母音融合ルール：
次の母音連続を融合せよ。
　　ai → ee

これらの音韻ルールの設定に伴って、現時点までに仮定した音便ルールを、次のように改訂する必要がある。

(55) 音便ルール：
初頭音に [t] を持つ活用接辞が語幹に付与される際、語幹末子音及びその直前の母音が融合して、次のような音便現象を起こす。
　　om → oo
　　am → o

以上より、タイプ E 方言に適用される音韻ルールをまとめると、次のようになる。

(56) a. e 消去ルール：
語幹末分節音が /m, s, r, t, n/ でない動詞語幹に、テ形接辞 /te/ が続く場合、テ形接辞 /te/ の /e/ を消去せよ。
b. 逆行同化ルール：
形態素末・単語末の子音を、その直後にある子音に、鼻音性以外の点で、同化せよ。
c. 単語末子音群簡略化ルール：
単語末で 2 つの子音が連続するとき、単語末の方の子音を消去せよ。

d. 有声性順行同化ルール：
語幹末分節音が有声音であるとき、形態素境界を挟んで直後の子音を有声音にせよ。

e. i 挿入ルール：
/t/ で始まる活用接辞が動詞語幹に付与されたとき、語幹末分節音 /s/ の直後に、/i/ を挿入せよ。

f. 音便ルール：
初頭音に [t] を持つ活用接辞が語幹に付与される際、語幹末子音及びその直前の母音が融合して、次のような音便現象を起こす。

om → oo

am → o

g. s 消去ルール：
/t/ で始まる活用接辞が動詞語幹に付与されたとき、語幹末の /i/ の直前の /s/ を消去せよ。

h. 母音融合ルール：
次の母音連続を融合せよ。

ai → ee

1.1.6. タイプ F 方言

このタイプに属する方言としては、五島列島宇久島（野方(のがた)）の方言しか見つけていない。

1.1.6.1. データ

まず、【表 16】に動詞テ形のデータを挙げる。野方方言は、下位タイプの分類としては、タイプ Fd 方言である。

【表16】 タイプF方言データ

語幹	タイプ Fd	意味
/kaw/〈買う〉	koːtekita *kokkita	買ってきた
/asob/〈遊ぶ〉	asondekita *asoŋkita	遊んできた
/jom/〈読む〉	jondekita *joŋkita	読んできた
/okes/〈起こす〉	okekkita	起こしてきた
/kak/〈書く〉	kaitekita *kakkita	書いてきた
/ojog/〈泳ぐ〉	ojoidekita *ojoŋkita	泳いできた
/tor/〈取る〉	tottekita *tokkita	取ってきた
/kat/〈勝つ〉	kattekita *kakkita	勝ってきた
/sin/〈死ぬ〉	ʃindekuru *ʃiŋkuru	死んでくる
/mi/〈見る〉	mitekita *mikkita	見てきた
/oki/〈起きる〉	okittekita *okikkita	起きてきた
/de/〈出る〉	detekita *dekkita	出てきた
/sute/〈捨てる〉	sutekkita	捨ててきた
/i/～/it/〈行く〉	itekita *ikkita	行ってきた
/ki/〈来る〉	kitemiː *kiʔmiː	来てみろ
/s/～/se/〈する〉	ʃitekoi *ʃikkoi *sekkoi	してこい

　【表16】を分かりやすくするために、共通語の「テ」に相当する部分の音声に注目して、再度まとめなおしてみると、次のようになる。

【表17】 タイプF方言の「テ」に相当する部分の音声

	タイプ Fd
w	te
b	de
m	de
s	Q
k	te
g	de
r	te
t	te
n	de
i1	te
i2	te
e1	te
e2	Q
/i/ 〜 /it/	te
/ki/	te
/s/	te

ここから分かることは、次のようなことである。

(57) a. 共通語の「テ」に相当する部分には、促音・[te]・[de] が現れている。
   b. 促音で現れる場合は、語幹末分節音が /s, e2/ のときである。
   c. [te] や [de] で現れる場合は、語幹末分節音が /w, b, m, k, g, r, t, n, i1, i2, e1/ 及び不規則動詞のときである。

(57) から分かるように、タイプF方言は、一部分の種類の動詞のときにだけ促音で現れる形が存在するという点で、先に挙げたタイプの方言とは大きく異なっている。

(57c)のように、語幹末分節音を列挙したものを見る限りでは、タイプA, B, C, D, E方言とタイプF, G方言(タイプG方言は後述)とは根本的に大きく異なるように見える。しかし、後述の弁別素性を用いた記述をしてみると、タイプF, G方言よりはむしろタイプD, E方言の方が特殊な集合に見える。タイプF, G方言が他方言と大きく異なっているのは音韻ルールの面である。

1.1.6.2. 基底形
動詞語幹の基底形は、【表16】の左列に示したようになる(1.1.6.1. 参照)。テ形接辞の基底形は、[te]や[de]が現れる形式が見られることから、/te/とすべきであろう。

1.1.6.3. 音韻ルールと派生過程
まず、子音語幹動詞に関してであるが、最も本質的なルールであるe消去ルールは、(57c)より次のように仮定される。

(58) e消去ルール：
語幹末分節音が /w, b, m, k, g, r, t, n/ でない動詞語幹に、テ形接辞 /te/ が続く場合、テ形接辞 /te/ の /e/ を消去せよ。

例えば、[asondekita]〈遊んできた〉は次のように派生される。

(59)　基底形：/asob+te#ki+ta/
　　　　　　　　↓←有声性順行ルール
　　　　　　asob+de#ki+ta
　　　　　　　　↓←形態素末鼻音化ルール
　　　　　　asom+de#ki+ta
　　　　　　　　↓←逆行同化ルール
　　　　　　ason+de#ki+ta
　　　　　　　　↓
　　　　音声形：[asondekita]

ここで適用される「形態素末鼻音化ルール」は次のように仮定される。

(60)　形態素末鼻音化ルール：
　　　/t/ で始まる活用接辞が動詞語幹に付与されたとき、語幹末分節音 /b/ を鼻音化せよ。

このルールは、/b/ だけでなく、/m, n/ にも空に適用されると考えてもよいが、現時点では (60) のように規定しておく。
　[kaitekita]〈書いてきた〉、[ojoidekita]〈泳いできた〉には、i 挿入ルールが関連してくる。これらは、それぞれ次のような派生過程を辿るものと考えられる。

(61)　基底形：/kak+te#ki+ta/
　　　　　　　　↓←i 挿入ルール
　　　　　　kaki+te#ki+ta
　　　　　　　　↓←k 消去ルール
　　　　　　ka i+te#ki+ta
　　　　　　　　↓
　　　　音声形：[kaitekita]

(62)　基底形：/ojog+te#ki+ta/
　　　　　　　↓←有声性順行同化ルール
　　　　　　ojog+de#ki+ta
　　　　　　　↓←i挿入ルール
　　　　　　ojogi+de#ki+ta
　　　　　　　↓←g消去ルール
　　　　　　ojo i+de#ki+ta
　　　　　　　↓
　　　音声形：[ojoidekita]

(61), (62)には2つの問題がある。まず、i挿入ルールに関してであるが、従来のi挿入ルールは語幹末分節音が/s/の動詞に対して適用されるものであった。しかし、ここではk, g語幹動詞にも適用されなければならない。従って、i挿入ルールを次のように仮定する。

(63)　i挿入ルール：
　　　/t/で始まる活用接辞が動詞語幹に付与されたとき、語幹末分節音/s, k, g/の直後に、/i/を挿入せよ。

ただし、これはs語幹動詞に適用されてはいけない。s語幹動詞では、[okekkita]〈起こしてきた〉のように、共通語の「テ」に相当する部分が促音で現れているからである。それを避けるためには、(63)を後の方の段階で適用しなければならない。
　もう1つの問題は、「k消去ルール」「g消去ルール」に関してである。これらも、類似したルール「s消去ルール」がすでに存在するので、そこに次のように組み込む。

(64)　s, k, g消去ルール：
　　　/t/で始まる活用接辞が動詞語幹に付与されたとき、語幹末の/i/の直

前の /s, k, g/ を消去せよ。

(63), (64) とも /s, k, g/ を一括りにしたのは、[-syl, -cor, -son] という最小限の弁別素性で表すことができるからである。

　子音語幹動詞では、w 語幹動詞に関しても問題がある。ここでは、[ko:tekita]〈買ってきた〉というように「ウ音便」が現れている。そこで、音便ルールを次のように改訂する必要がある。

(65)　音便ルール：
　　　初頭音に [t] を持つ活用接辞が語幹に付与される際、語幹末子音及びその直前の母音が融合して、次のような音便現象を起こす。
　　　　om → oo
　　　　am → o
　　　　aw → oo

次に、母音語幹動詞についてであるが、これは、他のタイプの方言と同様、r 語幹化と関連するので、そのデータを次に挙げる。

【表18】　タイプ F 方言の母音語幹動詞の否定形

	タイプ Fd	意味
i1 語幹動詞	*miN miraN	見ない
i2 語幹動詞	*okiN okiraN	起きない
e1 語幹動詞	deN *deraN	出ない
e2 語幹動詞	suteN *suteraN	捨てない

ここから分かるように、i1, i2 語幹動詞は r 語幹化しており、e1, e2 語幹動詞は r 語幹化していない。r 語幹化とテ形現象との間で整合性がないものは、e1 語幹動詞だけである。e1 語幹動詞では、【表18】を見る限りでは、r 語幹化しておらず、従って〈出る〉の語幹は /de/ である。しかし、テ形は [detekita]〈出てきた〉というように [te] が現れている。他の動詞も調査する必要があろう。

最後に、不規則動詞では、/s/〈する〉に i 挿入ルールが適用される。前述したが、i 挿入ルールは s 語幹動詞には適用されてはいけない。

以上より、タイプF方言に適用される音韻ルールをまとめると、次のようになる。

(66) a. e 消去ルール：
   語幹末分節音が /w, b, m, k, g, r, t, n/ でない動詞語幹に、テ形接辞 /te/ が続く場合、テ形接辞 /te/ の /e/ を消去せよ。
 b. 逆行同化ルール：
   形態素末・単語末の子音を、その直後にある子音に、鼻音性以外の点で、同化せよ。
 c. 単語末子音群簡略化ルール：
   単語末で2つの子音が連続するとき、単語末の方の子音を消去せよ。
 d. 有声性順行同化ルール：
   語幹末分節音が有声音であるとき、形態素境界を挟んで直後の子音を有声音にせよ。
 e. i 挿入ルール：
   /t/ で始まる活用接辞が動詞語幹に付与されたとき、語幹末分節音 /s, k, g/ の直後に、/i/ を挿入せよ。
 f. 音便ルール：
   初頭音に [t] を持つ活用接辞が語幹に付与される際、語幹末子音及びその直前の母音が融合して、次のような音便現象を起こす。

    om → oo

    am → o

    aw → oo

 g. s, k, g 消去ルール：

  /t/ で始まる活用接辞が動詞語幹に付与されたとき、語幹末の /i/ の直前の /s, k, g/ を消去せよ。

 h. 母音融合ルール：

  次の母音連続を融合せよ。

    ai → ee

 i. 形態素末鼻音化ルール：

  /t/ で始まる活用接辞が動詞語幹に付与されたとき、語幹末分節音 /b/ を鼻音化せよ。

1.1.7. タイプ G 方言

このタイプに属する方言には、熊本県天草下島の五和町（井手）・牛深（加世浦）・鹿児島県川内・鹿児島県長島（下山門野）などの方言がある。

1.1.7.1. データ

まず、【表19】に動詞テ形のデータを挙げる。タイプ Gb 方言では、調査語彙が異なっている場合が多いので、異なっている部分には、その都度方言名を記した。「(加)」は加世浦方言のデータを、「(川)」は川内方言のデータをそれぞれ表している。何も記していない欄は、加世浦・川内両方言に共通するデータである。また、タイプ Gd 方言では、「(井)」は井手方言データ、「(下)」は下山門野方言データをそれぞれ表す。無記入は両方言に共通するデータである。

【表19】 タイプG方言データ

語幹	タイプGb	タイプGd	意味
/kaw/〈買う〉	kotekita *kokkita	koːtekita *kokkita	買ってきた
/tob/〈飛ぶ〉	todekita（加） *toŋkita（加） orodekita（川）[27] orudekita（川） *oroŋkita（川）	tsuːdekita *tsuŋkita	飛んできた
/am/〈編む〉	odekita *oŋkita	oːdekita *oŋkita	編んできた
/okos/〈起こす〉	kjatekita（加）[28] *kjakkita（加） oketekita（川） *okekkita（川）	okeːtekita *okekkita	起こしてきた
/kak/〈書く〉	kjatekita（加） *kjakkita（加） ketekita（川） *kekkita（川）	keːtekita *kakkita	書いてきた
/ojog/〈泳ぐ〉	oidekita（加） ojodekita（川） oedekita *oiŋkita（加） *ojoŋkita（川） *oeŋkita	oeːdekita *oeŋkita	泳いできた
/tor/〈取る〉	tottekita *tokkita	tottekita *tokkita	取ってきた
/kat/〈勝つ〉	kattekita *kakkita	kattekita *kakkita	勝ってきた
/sin/〈死ぬ〉	ʃindemiro（加） keʃindemire（川） *ʃimmiro（加） *keʃimmire（川）	ʃindemiro *ʃimmiro	死んでみろ

/mi/〈見る〉	mitekita *mikkita	mitekita *mikkita	見てきた
/oki/〈起きる〉	okitekita（加） okittekita（川） *okikkita	okitekita *okikkita	起きてきた
/de/〈出る〉	dekkita（加） !dekkita（川）	detekita *dekkita	出てきた
/usite/〈捨てる〉	ukekkita（加）[29] -----（川）	uʃitekkita（下） ukekkita（井）[30]	捨ててきた
/i/～/it/〈行く〉	ittekita（加） itekita（加） itatekita（川）[31] *ikkita *itakkita（加）	itatekita[32] *ikkita *itakkita	行ってきた
/ki/〈来る〉	kitemiro（加）[33] kitemiraŋka（川）[34] *kiʔmiro（加） *kiʔmiraŋka（川）	kiteno: *kiʔno:	来てみなさい
/s/～/se/〈する〉	ʃitekita setekita（加） *setekita（川） *ʃikkita *sekkita	ʃitekita *ʃikkita *sekkita	してきた

【表19】の2つのタイプの方言、即ち「タイプGb, Gd方言」に属する方言は、それぞれ次の通りである。

(67) a.　タイプGb方言：川内（鹿児島県）・加世浦（熊本県牛深）
　　 b.　タイプGd方言：井手（熊本県五和町）・下山門野（鹿児島県長島）

【表19】を分かりやすくするために、共通語の「テ」に相当する部分の音声に注目して、再度まとめなおしてみると、次のようになる。

【表 20】 タイプ G 方言の「テ」に相当する部分の音声

	タイプ Gb	タイプ Gd
w	te	te
b	de	de
m	de	de
s	te	te
k	te	te
g	de	de
r	te	te
t	te	te
n	de	de
i1	te	te
i2	te	te
e1	Q	te
e2	Q	Q
/i/ 〜 /it/	te	te
/ki/	te	te
/s/ 〜 /se/	te	te

ここから分かることは、次のようなことである。

(68) A. 子音語幹動詞において、
  a. 共通語の「テ」に相当する部分には、[te]・[de] が現れている。
  b. [te] で現れる場合は、語幹末分節音が /w, s, k, r, t/ のときである。
  c. [de] で現れる場合は、語幹末分節音が /b, m, g, n/ のときである。
 B. 母音語幹動詞において、
  a. 共通語の「テ」に相当する部分には、促音・[te] が現れている。
  b. 促音で現れる場合は、語幹末分節音が、タイプ Gb 方言では /e1, e2/ のときである。タイプ Gd 方言では /e2/ のときである。

c. [te] で現れる場合は、語幹末分節音が、タイプ Gb 方言では /i1, i2/ のときである。タイプ Gd 方言では /i1, i2, e1/ のときである。
　C. 不規則動詞において、
　　　a. 共通語の「テ」に相当する部分には、[te] が現れている。
　　　b. [te] で現れる場合は、/i/ ～ /it/, /ki/, /s/ ～ /se/ のときである。

タイプ G 方言では、子音語幹動詞において、共通語の「テ」に相当する部分が促音や撥音で現れることがない。促音が現れるのは、母音語幹動詞のときだけである。従って、この点において、タイプ G 方言はタイプ A ～ F 方言とは性質が異なると言えるかもしれない。

1.1.7.2. 基底形
動詞語幹の基底形は、【表 19】の左列に示したようになる (1.1.7.1. 参照)。テ形接辞の基底形は、[te] や [de] が現れる形式が見られることから、/te/ とすべきであろう。

1.1.7.3. 音韻ルールと派生過程
まず、子音語幹動詞から見てみる。現時点までに記述してきた方言、即ちタイプ A ～ F 方言では、少なくとも 1 種類の動詞においては、共通語の「テ」に相当する部分が促音や撥音で現れていた。しかし、タイプ G 方言の子音語幹動詞には、促音や撥音が現れる形が存在しない。従って、従来の方法によると、促音や撥音が現れる分布を e 消去ルールの適用環境で表すわけであるが、それを定式化してみると次のようになる。

(69)　e 消去ルール：
　　　語幹末分節音が /w, b, m, s, k, g, r, t, n/ でない動詞語幹に、テ形接辞 /te/ が続く場合、テ形接辞 /te/ の /e/ を消去せよ。

(69) の適用環境を見ると分かるように、すべての語幹末子音が組み込まれ

ている。従って、子音語幹動詞だけを考えるならば、(69) は不必要であることになる。しかし、母音語幹動詞には促音が現れる形が存在するので、この場合を考慮すると、(69) は必要となってくる。詳細は後述する。

さて、子音語幹動詞では、音便現象が複雑である。まず、タイプ Gb 方言の加世浦方言の w, b, m 語幹動詞では、語幹末分節音及びその直前の語幹母音が [o] で現れている。しかし、川内方言の b 語幹動詞では [u] が現れている形 [orudekita]〈叫んできた〉も存在する。おそらく、語幹が /orub/ であろう。一方、タイプ Gd 方言の w, m 語幹動詞では長母音 [o:] が現れ、b 語幹動詞では [u:] が現れている。b 語幹動詞〈飛ぶ〉の語幹は /tub/ であろう。これらをまとめると、音便ルールは次のように改訂できる。

(70) 音便ルール：
初頭音に [t] を持つ活用接辞が語幹に付与される際、語幹末子音及びその直前の母音が融合して、次のような音便現象を起こす。

om → oo
am → {oo, o}
aw → {oo, o}
ob → o
ub → {uu, u}

s, k 語幹動詞に関して、タイプ Gb 方言の加世浦方言では、語幹末分節音 /s, k/ が s, k, g 消去ルールによって消去されただけである。川内方言では、まず i 挿入ルールが適用され、語幹末分節音 /s, k/ が s, k, g 消去ルールによって消去された後、最終的に母音融合ルールが適用されたと考えられる。例えば、[ketekita]〈書いてきた〉は次のような派生過程を辿る。

(71)　基底形：/kak+te#ki+ta/
　　　　　　　　↓←i挿入ルール
　　　　　　kaki+te#ki+ta
　　　　　　　　↓←s, k, g消去ルール
　　　　　　ka i+te#ki+ta
　　　　　　　　↓←母音融合ルール
　　　　　　ke+te#ki+ta
　　　　　　　　↓
　　　　音声形：[ketekita]

従って、母音融合ルールを次のように改訂しなければならない。

(72)　母音融合ルール：
　　　次の母音連続を融合せよ。
　　　　ai → {ee, e}

タイプGd方言の場合も同様に派生される。ただ、ここでは本当に母音融合ルールが起こっているのかどうかは分からない。ここでは、〈起こす〉や〈書く〉の語幹をそれぞれ /okos/, /kak/ としたが、すでに語幹母音が変化を起こしていて、/okes/, /kek/ になってしまっている可能性もある。このように、語幹が変化してしまっているのであれば、母音融合ルールは共時的には設定しなくてもよくなる。以上の問題を解決するためには、例えば否定形（未然形）が [okesaN], [kekaN] になっているかどうかなどを調査すればよいのであるが、現時点では不明である。

　g語幹動詞に関しては、タイプGb方言では s, k, g 消去ルールが適用されるだけである。タイプGd方言では、i挿入ルールが適用された後、s, k, g 消去ルールが適用され、最後に ei → ee という母音融合ルールが適用される。例えば、[oe:dekita]〈泳いできた〉は次のように派生される。

(73)　基底形：/oeg+te#ki+ta/
　　　　　　↓←有声性順行同化ルール
　　　　　oeg+de#ki+ta
　　　　　　↓←i挿入ルール
　　　　　oegi+de#ki+ta
　　　　　　↓←s, k, g 消去ルール
　　　　　oe i+de#ki+ta
　　　　　　↓←母音融合ルール
　　　　　oee+de#ki+ta
　　　　　　↓
　　　音声形：[oe:dekita]

従って、母音融合ルールは再度次のように改訂される。

(74)　母音融合ルール：
　　　次の母音連続を融合せよ。
　　　　ai → {ee, e}
　　　　ei → ee

次に、母音語幹動詞を見るが、これにはr語幹化現象が関連する。データを次に挙げる。

【表21】 タイプG方言の母音語幹動詞の否定形

	タイプGb	タイプGd	意味
i1語幹動詞	%miɴ（加） *miɴ（川） miraɴ	?miɴ miraɴ	見ない
i2語幹動詞	okiɴ（加） %okiraɴ（加） *okiɴ（川） okiraɴ（川）	okiɴ okiraɴ（下） *okiraɴ（井）	起きない
e1語幹動詞	deɴ %deraɴ	deɴ deraɴ	出ない
e2語幹動詞	suteɴ（加） %suteraɴ（加） ukeɴ（川） *ukeraɴ（川）	uʃiteɴ（下） *uʃiteraɴ（下） ukeɴ（井）[35] *ukeraɴ（井）	捨てない

【表21】を見る限りでは、まずタイプGb方言において、使用頻度の差こそ少しあるが、i1, i2語幹動詞はr語幹化していることが分かる。それに対して、e1, e2語幹動詞の場合はr語幹化していない。即ち、具体的には、/mir/〈見る〉、/okir/〈起きる〉、/de/〈出る〉、/sute/〈捨てる〉(あるいは/uke/〈受ける〉)となっている。テ形においては、〈出てきた〉〈受けてきた〉の場合にのみ、促音が現れているので、語幹末分節音が/e1, e2/のときにはe消去ルールが適用されなければならない。従って、前述のように、子音語幹動詞の場合に不要だからと言って、e消去ルールを捨ててしまうと、e1, e2語幹動詞の場合に適用できなくなってしまうのである。e消去ルールは(69)のまま設定しておかなければならない。次に、[dekkita]〈出てきた〉の派生過程を挙げておく。

(75) 基底形：/de+te#ki+ta/
　　　　　　↓ ← e 消去ルール
　　　　de+t #ki+ta
　　　　　　↓ ← 逆行同化ルール
　　　　de+k #ki+ta
　　　　　　↓
　　　音声形：[dekkita]

　一方、タイプ Gd 方言の場合、i1 語幹動詞で r 語幹化しており、e2 語幹動詞ではしていない。ただし、i2, e1 語幹動詞では両方の形が適格になっている。テ形では、e2 語幹動詞にのみ促音が現れるので、e2 語幹動詞が r 語幹化していないという点では矛盾が起こらない。しかし、テ形の分布から考えると、おそらく i2, e1 語幹動詞は r 語幹化する傾向が強いのではなかろうか。
　次に、不規則動詞の場合、タイプ Gb, Gd 両方言とも、〈してきた〉に対して i 挿入ルールが適用される。
　以上より、タイプ G 方言に適用される音韻ルールをまとめると、次のようになる。

(76) a. e 消去ルール：
　　　語幹末分節音が /w, b, m, s, k, g, r, t, n/ でない動詞語幹に、テ形接辞 /te/ が続く場合、テ形接辞 /te/ の /e/ を消去せよ。
　b. 逆行同化ルール：
　　　形態素末・単語末の子音を、その直後にある子音に、鼻音性以外の点で、同化せよ。
　c. 有声性順行同化ルール：
　　　語幹末分節音が有声音であるとき、形態素境界を挟んで直後の子音を有声音にせよ。
　d. i 挿入ルール：
　　　/t/ で始まる活用接辞が動詞語幹に付与されたとき、語幹末分節音 /s,

k, g/ の直後に、/i/ を挿入せよ。

e. 音便ルール：

初頭音に [t] を持つ活用接辞が語幹に付与される際、語幹末子音及びその直前の母音が融合して、次のような音便現象を起こす。

om → oo
am → {oo, o}
aw → {oo, o}
ob → o
ub → {uu, u}

f. s, k, g 消去ルール：

/t/ で始まる活用接辞が動詞語幹に付与されたとき、語幹末の /i/ の直前の /s, k, g/ を消去せよ。

g. 母音融合ルール：

次の母音連続を融合せよ。

ai → {ee, e}
ei → ee

1.2. 真性テ形現象方言の比較

1.1. の各節では、テ形現象方言の7タイプの方言について記述してきた。また、それぞれのタイプの方言をさらに細かく分類し、記述した。即ち、子音語幹動詞を観察すると、7つに分類され、母音語幹動詞を観察すると、5つに分類された。これらを組み合わせて、どのようなタイプの方言が存在するかということを表にしてみると、次のようになる。表中の数字は、方言の数を表す。

【表22】 各方言タイプの頻度

	A	B	C	D	E	F	G
Va	0	3	0	2	1	0	0
Vb	12	4	1	1	0	0	2
Vc	5	0	1	1	0	0	0
Vd	15	0	0	0	0	1	2
Ve	1	0	0	0	0	0	0

【表22】から分かるように、タイプA方言に属する方言が大半を占めている。これは、調査地点、特にタイプA方言に属する五島列島諸方言以外の調査地点が少ないことにも関連するだろう。また、記号Va～Veに注目すると、タイプVb方言が最も多く、次にタイプVd方言が多い。タイプVb方言ではVb=i1, i2であり、タイプVd方言ではVd=i1, i2, e1であるので、全体的にe語幹動詞はr語幹化しにくいようである。

さて、本節では、さらに方言差を明らかにするために、7タイプのテ形現象方言を、「テ」に相当する部分の音声・基底形・音韻ルールの3つの視点から比較する。

1.2.1. 「テ」に相当する部分の音声の比較

第2章1.1.の各節において、共通語の「テ」に相当する部分に現れる音声について述べてきた。ここでは、その音声の対照表を次に作成してみる。

【表23】 各方言タイプの「テ」に相当する部分の音声

	Ab	Ac	Ad	Ae	Ba	Bb	Cb	Cc	Da	Db	Dc	Ea	Fd	Gb	Gd
w	Q	Q	Q	Q	Q	Q	Q	Q	Q	Q	Q	Q	te	te	te
b	N	N	N	N	Q	Q	N	N	Q	Q	Q	Q	de	de	de
m	N	N	N	N	Q	Q	N	N	de	de	de	de	de	de	de
s	Q	Q	Q	Q	Q	Q	te	te	Q	Q	Q	te	Q	te	te
k	Q	Q	Q	Q	Q	Q	Q	Q	Q	Q	Q	Q	te	te	te
g	N	N	N	N	Q	Q	N	N	Q	Q	Q	Q	de	de	de
r	te	te	te	te	te	te	te	te	te	te	te	te	te	te	te
t	te	te	te	te	te	te	te	te	te	te	te	te	te	te	te
n	de	de	de	de	de	de	de	de	de	de	de	de	de	de	de
i1	te	te	te	te/Q	te	te	te	te	te	te	te	te	te	te	te
i2	te	Q	te	te/Q	Q	Q	Q	Q	Q	te	{Q}	Q	te	te	te
e1	Q	te	te	te/Q	Q	Q	Q	Q	Q	Q	te	te	Q	Q	te
e2	Q	Q	Q	te/Q	Q	Q	Q	Q	Q	Q	Q	Q	Q	Q	Q
/i/～/it/	te	te	te	te	te	te	te	te	te	te	te	te	te	te	te
/ki/	te	te	te	te	te	te	te	te	te	te	te	te	te	te	te
/s/～/se/	te/Q	te/Q	te/Q	te	te	te	te	te	te	Q	te	te	te	te	te

【表23】からまず分かることは、現れる音声の違いである。ここに挙げてある方言には、少なくとも1箇所はQが含まれている。「Qの残存率」という点を問題にすると、e2語幹動詞では、すべてのタイプにおいてQが存在しているので、残存率が高いと言えよう。

また、タイプA, C方言にはNが含まれているが、他の方言には含まれていない。これは、1.2.3. で議論するように、有声子音鼻音化ルールを持っているかどうかの違いが反映されているからである。地域的には、長崎県の五島列島に限られているようである。

次に分かることはQ, N, t, dの分布の違いである。いずれも後の議論が絡

んでくるので、1.2.2., 1.2.3. で詳述する。

1.2.2. 基底形の比較

まず、動詞語幹の基底形については、1.1. の各節で記述している。各タイプの方言に語彙的な違いこそあるが、体系的な違いはない。不規則動詞に関しては、テ形において使用される語幹と使用されない語幹とに方言差があるが、これも体系的な問題ではない。

　テ形接辞の基底形は、タイプA～G方言（真性テ形現象方言）ではすべて /te/ であり、共通している。

1.2.3. 音韻ルールの比較

まず、真性テ形現象方言で仮定された音韻ルールを、次にすべて列挙する。

(77) a. e 消去ルール：
　　　語幹末分節音が X でない動詞語幹に、テ形接辞 /te/ が続く場合、テ形接辞 /te/ の /e/ を消去せよ。
　　b. 逆行同化ルール：
　　　形態素末・単語末の子音を、その直後にある子音に、鼻音性以外の点で、同化せよ。
　　c. 単語末子音群簡略化ルール：
　　　単語末で2つの子音が連続するとき、単語末の方の子音を消去せよ。
　　d. 単語末有声子音鼻音化ルール：
　　　単語末の有声子音 /g, b, m, n/ を鼻音化せよ。
　　e. 有声性順行同化ルール：
　　　語幹末分節音が有声音であるとき、形態素境界を挟んで直後の子音を有声音にせよ。
　　f. i 挿入ルール：
　　　/t/ で始まる活用接辞が動詞語幹に付与されたとき、語幹末分節音 /s,

k, g/ の直後に、/i/ を挿入せよ。
g. 音便ルール：
初頭音に [t] を持つ活用接辞が語幹に付与される際、語幹末子音及びその直前の母音が融合して、次のような音便現象を起こす。

om → oo
am → {oo, o}
aw → {oo, o}
ob → o
ub → {uu, u}

h. s, k, g 消去ルール：
/t/ で始まる活用接辞が動詞語幹に付与されたとき、語幹末の /i/ の直前の /s, k, g/ を消去せよ。

i. 母音融合ルール：
次の母音連続を融合せよ。

ai → {ee, e}
ei → ee

j. 形態素末鼻音化ルール：
/t/ で始まる活用接辞が動詞語幹に付与されたとき、語幹末分節音 /b/ を鼻音化せよ。

(77a) では、後述するように、適用環境に方言差があるので、ここでは一括して記号 X で表しておく。

次に、テ形現象方言で適用される音韻ルールを、方言のタイプごとにまとめて【表24】にしてみる。【表24】中の記号○は当該のルールが適用される（当該のルールを持っている）ことを、記号×は当該のルールが適用されない（当該のルールを持っていない）ことをそれぞれ表す。記号●は /s/〈する〉という語幹にのみ当該のルールが適用されることを表す。

第 2 章　方言タイプの記述　101

【表 24】　音韻ルールの適用

	A	B	C	D	E	F	G
e 消去ルール	○	○	○	○	○	○	○
逆行同化ルール	○	○	○	○	○	○	○
単語末子音群簡略化ルール	○	○	○	○	○	○	×
単語末有声子音鼻音化ルール	○	×	○	×	×	×	×
有声性順行同化ルール	○	○	○	○	○	○	○
i 挿入ルール	×/●[36]	●	○	●	○	○	○
音便ルール	×	×	×	○	○	○	○
s, k, g 消去ルール	×	×	×	×	○	○	○
母音融合ルール	×	×	×	○	○	○	○
形態素末鼻音化ルール	×	×	×	×	○	○	×

　ここから分かるように、まず逆行同化ルール・有声性順行同化ルールについては方言差がない。また、前述したように、有声子音鼻音化ルールは、テ形の「テ」に相当する部分が撥音で現れる形を持っている方言だけに適用される。従って、タイプ A, C 方言だけがこのルールを持っていることになる。また、i 挿入ルールに関しては、不規則動詞〈する〉のテ形において、語幹 /s/ と /se/ のいずれが使用されるかという語彙的な問題に関連する。

　問題は e 消去ルールである。【表 24】を見る限りでは、e 消去ルールはすべてのタイプの方言に適用されているので、方言差がないように見えるが、方言差はその適用環境にある。ここで、まず、(77a) にも挙げたが、e 消去ルールを一般的な形式で次のように定式化しておく。

(78)　e 消去ルール［随意ルール］：
　　　動詞語幹の語幹末分節音が X でない場合、テ形接辞 /te/ の /e/ を消去せよ。
　　　　X=……

(78)は裏返せば「動詞語幹の語幹末分節音が X の場合、テ形接辞 /te/ の /e/ は消去されない」という「e 保持ルール」のような書式で書くこともできるが、ここでは消去ルールを仮定しておく。[37]

　方言差が現れるのは(78)の適用環境 X においてであるので、X をそれぞれのタイプの方言ごとにまとめると、次のようになる。記号 XA〜XG は、タイプ記号 A〜G を付けた便宜上の記号である。

(79) a.　タイプ A ………XA =/r, t, n/
　　 b.　タイプ B ………XB =/r, t, n/
　　 c.　タイプ C ………XC =/s, r, t, n/
　　 d.　タイプ D ………XD =/m, r, t, n/
　　 e.　タイプ E ………XE =/m, s, r, t, n/
　　 f.　タイプ F ………XF =/w, b, m, k, g, r, t, n/
　　 g.　タイプ G ………XG =/w, b, m, s, k, g, r, t, n/

さらに、(79)を弁別素性で記述すると、(80)のようになる。

(80) a.　タイプ A ………XA =[-syl, +cor, -cont]
　　 b.　タイプ B ………XB =[-syl, +cor, -cont]
　　 c.　タイプ C ………XC =[-syl, +cor]
　　 d.　タイプ D ………XD ={[-syl, +cor, -cont], [+nas]}
　　 e.　タイプ E ………XE ={[-syl, +cor], [+nas]}
　　 f.　タイプ F ………XF =[-syl, -cont]
　　 g.　タイプ G ………XG =[-syl]

例えば(79a)であれば、/r, t, n/ の 3 つの分節音に共通する弁別素性の値は [-syl], [+cor], [-cont] であるので、これらの積(intersection)の集合 [-syl, +cor, -cont] が XA となる。また、(79d)では、/r, t, n/ は(79a)と同様に [-syl, +cor, -cont] と表すことができるが、/m/ は(/n/ も含めて)[+nas] と表される。(79d)

の /m, r, t, n/ は、[-syl, +cor, -cont] と [+nas] との和(union)の集合であるので、これを表す {[-syl, +cor, -cont], [+nas]} が XD となる。[38] 他の場合も同様である。

これにより、「① Q/(N) が許されない動詞の語幹末分節音の集合を、(80)のように弁別素性によって表すことができ、②さらに(80)の違いによって真性テ形現象方言の方言差を記述できる」ということになる。最終的には、(80)の真性テ形現象方言の方言差は地理的な違いに反映されるが、それについては理論編(第1章2.)を見られたい。

さて、【表24】からは、各タイプの方言差だけでなく、音韻ルールの性質の違いも見えてくる。【表24】を見る限りでは、比較的方言差がないルールと方言差があるルールとに二分されることが分かる。即ち、e消去ルール・逆行同化ルール・単語末子音群簡略化ルール・有声性順行同化ルールなどは比較的方言差がないようであるが、i挿入ルール・音便ルール・s, k, g消去ルール・母音融合ルール・形態素末鼻音化ルールなどでは比較的方言差が見られ、適用の有無に関して、タイプ別に明確に二分されるようである。これは、おそらく前者のルール群が関係する「真性テ形現象」と、後者のルール群が関係する「非テ形現象」という2つの対立する現象に関わる問題であると考えられる。この問題は、テ形現象の本質的な議論を要するので、別途理論編(第4章1.1.)で扱うことにする。

以上より、真性テ形現象方言は次のように定義できる。

(81) 真性テ形現象方言の定義：
次の2つの条件A, Bを満たすとき、当該の方言を「真性テ形現象方言」という。
　A. 共通語の「テ」に相当するものとして、te/de の現れる場合と Q/(N) の現れる場合とがある。
　B. te/de, Q/(N) の分布は、動詞の語幹末分節音の違いによる。

註

1. これは久賀・奈良尾方言の形である。野々切・蕨方言では [ojeŋkita]、小奈良尾方言では [oiŋkita] である。
2. 語幹は /kog/〈漕ぐ〉である。意味は〈漕いできた〉である。このように、表の左端列とは異なる語幹のデータの場合、注を付け、そこで語幹の形や意味等を挙げることにする。以下、同様である。
3. 意味は〈死んでから〉である。
4. 意味は〈出てこい〉である。
5. 意味は〈来てから〉である。
6. 野々切方言では、[sekkita] は適格である。
7. 意味は〈してから〉である。
8. 導入編（第2章 3.1.1.）(3b) の「喉頭化ルール」を派生過程に明示していないが、それは喉頭化ルールが音声的なルールであるためである。即ち、各言語・方言ごとに音韻的に規定されるものではなく、かなり普遍的に決まるものである。
9. 意味は〈飛んできた〉である。
10. 意味は〈漕いできた〉である。
11. 意味は〈死んでみないか〉である。
12. この形の語幹基底形は /itate/ である。
13. 否定形では [seɴ]〈しない〉が現れるので、そこでは /se/ という語幹が使用される。
14. 語幹は /kas/ である。意味は〈貸してきた〉である。
15. 語幹は /kog/ である。意味は〈漕いできた〉である。
16. 意味は〈死んでみようか〉である。
17. 意味は〈出てきた〉である。
18. 意味は〈来てみろ〉である。
19. 語幹は /orab/〈叫ぶ〉である。
20. 語幹は /jom/〈読む〉である。
21. 語幹が /ogos/ で、語幹母音交替によって o → e になったとも考えられるが、本書ではこの問題は保留する (cf. 藤田勝良 (1992, 1993, 1995)・有元光彦 (1991, 1992))。
22. 記号 { } 内の形については後述する。
23. 語幹は /hodasse/〈捨てる〉である。
24. 語幹は /sitte/〈捨てる〉である。
25. 語幹は /idate/〈行く〉である。
26. 語幹は /itate/〈行く〉である。

27 語幹は /orob/〈叫ぶ〉である。
28 語幹は /kjas/〈貸す〉である。
29 語幹は /uke/〈受ける〉である。
30 意味は〈受けてきた〉である。
31 語幹は /itate/〈行く〉である。
32 語幹は /itate/〈行く〉である。
33 意味は〈来てみろ〉である。
34 意味は〈来てみないか〉である。
35 意味は〈受けない〉である。
36 方言によって、×を取るか●を取るか異なる。タイプ Ab, Ad 方言では×を取る。タイプ Ac, Ae 方言では●を取る。ただし、タイプ Ac 方言のうち野々切方言だけは×を取る。
37 消去ルールを仮定するか、保持ルールを仮定するか、などについての議論は理論編(第1章 1.3.)を参照のこと。
38 { } 内の要素である [-syl, +cor, -cont] と [+nas] は縦に並べて表記するのが慣習であるが、ここでは便宜上横に並べて表記する。

2. 非テ形現象方言

本節では、真性テ形現象と対極に位置する非テ形現象を扱う。非テ形現象方言とはいわゆる真性テ形現象が起こらない方言のことであるが、本書では真性テ形現象方言・擬似テ形現象方言（後述）・全体性テ形現象方言（後述）以外を指すことにする。地域的には、おおよそ九州西部以外の方言はすべて非テ形現象方言であるので、九州方言の大部分が非テ形現象方言である。もちろん、本州・四国・北海道の諸方言も、現時点では、非テ形現象方言であると考えられる。

2.1. 非テ形現象方言の記述

上述のように、おおよそ九州西部以外の方言はすべて非テ形現象方言であるので、対象とすることのできる方言は多数あるが、本節では、九州西部地域内または近接する地域の非テ形現象方言を取り上げて記述していく。このタイプに属する方言には、熊本県の天草市（旧天草郡）五和町二江・天草郡苓北町都呂々（天草下島）・天草市（旧天草郡）天草町福連木・天草市（旧牛深市）牛深町、及び鹿児島県の出水郡長島町平尾・鹿児島郡十島村（トカラ列島）、及び長崎県の小値賀島笛吹（五島列島）・小値賀島前方（五島列島）・長崎市の方言などがある。[1]

　本節では、共通語の「テ」に相当する部分の音声及びその分布の違いによって、「タイプ NA 方言」「タイプ NB 方言」の 2 種類に便宜上分けて、記述していく。しかし、分布による違いはないので、「テ」に相当する音声の違いによって、二分している。

2.1.1. タイプ NA 方言

このタイプに属する方言には、二江方言・都呂々方言・福連木方言・牛深町方言・平尾方言・長崎市方言・十島村方言がある。

2.1.1.1. データ

まず、【表1】に動詞テ形のデータを挙げる。長崎市方言のデータは塚本明廣 (1978)・九州方言学会編 (1969/1991)・飯豊毅一ほか編 (1983) から引用する。十島村 (トカラ列島) 諸方言のデータは木部暢子 (1995) から引用する。[2]

【表1】 タイプ NA 方言データ

	二江	都呂々	福連木	牛深町	平尾	長崎市	十島村	意味
/kaw/〈買う〉	koːtekita	kotekita	kotekita	kotekita	kotekita	kote	aroːte[3] aoːte	買って(きた)
/tob/〈飛ぶ〉	tondekita toːdekita	todekita	todekita	toːdekita	orodekita[4]	jonde[5]	toːde	飛んで(きた)
/am/〈編む〉	joːdekita[6] juːdekita	odekita	odekita	odekita	odekita	jonde[7]	noːde[8]	編んで きた
/kjas/〈貸す〉	kaʃitekita *kjaːtekita *keːtekita	kjaːtekita	kjaːtekita	kjatekita	oketekita[9]	oʃite[10]	kaʃite keːte	貸して(きた)
/kjak/〈書く〉	kaitekita keːtekita	kjaːtekita	kjaːtekita *kjakkita omekkita	kjatekita	ketekita	kaite	keːte	書いて(きた)
/oeg/〈泳ぐ〉	koidekita[11] keːdekita	oedekita	oedekita	oedekita	oedekita	tsuide[12]	-----	泳いで きた
/tor/〈取る〉	tottekita	tottekita	tottekita	tottekita	tottekita	watte[13]	totte	取って(きた)
/kat/〈勝つ〉	kattekita	kattekita	kattekita	kattekita	kattekita	katte	tatte[14]	勝って(きた)
/sin/〈死ぬ〉	ʃindemiro	ʃindemiro	ʃindemiro	ʃindemiro	ʃindemire	ʃinde	ʃinde	死んで(みろ)
/mi/〈見る〉	mitekita *mikkita	mitekita *mikkita	mitekita *mikkita	mitekita *mikkita	mitekita *mikkita	mite	mite	見て(きた)
/oki/〈起きる〉	okitekita *okikkita	okitekita *okikkita	okitekita *okikkita	okikkita *orekkita[15]	okittekita *okikkita	okite	-----	起きて(きた)
/de/〈出る〉	detekita *dekkita	detekita *dekkita	detekita *dekkita	detekita *dekkita	detekita *dekkita	dete	dete	出て(きた)
/usite/〈捨てる〉	uketekita[16] *ukekkita	uʃitetekita *uʃitekkita	uketekita[17] *ukekkita	çitʃetekita[18] *çitʃekkita	sutetekita *sutekkita	agete[19]	akete[20]	捨てて きた
/i/ ~ /it/〈行く〉	itekita *ikkita *itakkita	itekita *ikkita	ittekita itekita *ikkita	ittekita *itekita *ikkita	itatekita[21] *ikkita	itte	itte ide	行って(きた)
/ki/〈来る〉	kitemiro *kiʔmiro	kitemiro *kiʔmiro	kitemiro *kiʔmiro	kitemiro *kiʔminna	kitemiro *kiʔmiro	kite	kite	来て(みろ)
/s/〈する〉	ʃitekita *ʃikkita *sekkita	ʃitekita *ʃikkita *setekita *sekkita	ʃitekita *ʃikkita *setekita *sekkita	ʃitekita *ʃikkita *setekita *sekkita	ʃitekita *ʃikkita *setekita *sekkita	ʃite	ʃite	して(きた)

【表1】を分かりやすくするために、共通語の「テ」に相当する部分の音声に注目して、再度まとめなおしてみると、次のようになる。

【表2】 タイプNA方言の「テ」に相当する部分の音声

	二江	都呂々	福連木	牛深町	平尾	長崎市	十島村
w	te	te	te	te	te	te	te
b	de	de	de	de	de	de	de
m	de	de	de	de	de	de	de
s	te	te	te	te	te	te	te
k	te	te	te	te	te	te	te
g	de	de	de	de	de	de	de
r	te	te	te	te	te	te	te
t	te	te	te	te	te	te	te
n	de	de	de	de	de	de	de
i1	te	te	te	te	te	te	te
i2	te	te	te	te	te	te	te
e1	te	te	te	te	te	te	te
e2	te	te	te	te	te	te	te
/i/ ~ /it/	te	te	te	te	te	te	te
/ki/	te	te	te	te	te	te	te
/s/	te	te	te	te	te	te	te

【表2】から分かることは、次の通りである。

（1）a. 共通語の「テ」に相当する部分には、[te] や [de] が現れる。
    b. [te] で現れる場合は、語幹末分節音が /w, s, k, r, t, i1, i2, e1, e2/ 及び不規則動詞のときである。
    c. [de] で現れる場合は、語幹末分節音が /b, m, g, n/ のときである。

ここでは、すべての方言において、共通語の「テ」に相当する部分に促音や撥音が全く現れていない。即ち、テ形現象が起こっていないのである。
  ただ、福連木方言では、k語幹動詞に関してのみ [omekkita]〈叫んできた〉

(動詞語幹は /omek/) が現れている。*[kjakkita]〈書いてきた〉は不適格であることから考えると、いわゆる音節数条件が存在するのかもしれない。即ち、1音節のk語幹動詞には促音が許されず、2音節以上のk語幹動詞には促音が許される、といった条件があるのかもしれない。s語幹動詞に音節数条件が存在する可能性は、タイプA'b, A'd方言に見られたので、k語幹動詞にも存在する可能性は大いにあるだろう。しかし、このような方言は、現時点までの調査の中で、福連木方言しか見つかっていないので、今回は議論を保留する (cf. 理論編(第2章1.))。

また、牛深町方言のi2語幹動詞では、[okikkita]〈起きてきた〉が適格になっている。しかし、同じi2語幹動詞の*[orekkita]〈降りてきた〉は不適格になっている。これに関しても、今後の調査に期することにする。

十島村方言においては、文献からデータを取っているため、目的のデータが揃っていない。これも今後の調査に期する。

2.1.1.2. 基底形
動詞語幹の基底形は、【表1】の左列に示したようになる。
テ形接辞の基底形は、[te] や [de] が現れる形式が見られることから、/te/と仮定できる。

2.1.1.3. 音韻ルールと派生過程
まず、子音語幹動詞についてであるが、テ形現象方言とは異なり、e消去ルールは存在しない。従って、このルールに関連する単語末子音群簡略化ルール・有声子音鼻音化ルールも存在しない。

w, b, m 語幹動詞では音便ルールが適用される。これは、記述編(第2章1.)で論じたものと同じルールを用いればよい。ただし、内容は次のように改訂する。

（2） 音便ルール：
　　 初頭音に [t] を持つ活用接辞が語幹に付与される際、語幹末子音及び

その直前の母音が融合して、次のような音便現象を起こす。

om → oo
am → {oo, o}
aw → {oo, o}
ob → {oo, o}
ub → {uu, u}

例えば、[todekita]〈飛んできた〉の派生過程は次のようになる。

（3）　基底形：/tob+te#ki+ta/
　　　　　　　↓←有声性順行同化ルール
　　　　　tob+de#ki+ta
　　　　　　　↓←音便ルール
　　　　　to+de#ki+ta
　　　　　　　↓
　　音声形：[todekita]

有声性順行同化ルールは、記述編（第2章1.）で論じたものと同じものが使われる。
　次に、s, k 語幹動詞であるが、ここでは i 挿入ルール・s, k, g 消去ルール・音便ルールが適用される。従って、例えば [kjaːtekita]〈書いてきた〉は次のように派生される。

（4）　基底形：/kjak+te#ki+ta/
　　　　　　　↓←i 挿入ルール
　　　　　kjaki+te#ki+ta
　　　　　　　↓←s, k, g 消去ルール
　　　　　kja i+te#ki+ta
　　　　　　　↓←母音融合ルール

```
           kjaa+te#ki+ta
                ↓
  音声形：[kja:tekita]
```

ここでは、ai → aa という母音融合が起こったとしているので、母音融合ルールは次のように改訂される。

（5） 母音融合ルール：
　　　次の母音連続を融合せよ。
　　　　ai → {ee, e, aa}
　　　　ei → ee

　g 語幹動詞では、[oedekita]〈泳いできた〉は次のような派生をする。

（6） 基底形：/oeg+te#ki+ta/
```
            ↓←有声性順行同化ルール
         oeg+de#ki+ta
            ↓←i 挿入ルール
         oegi+de#ki+ta
            ↓←s,k,g 消去ルール
         oe i+de#ki+ta
            ↓←母音融合ルール
         oe +de#ki+ta
            ↓
  音声形：[oedekita]
```

ここでは、ei → e という母音融合が起こっているので、母音融合ルールをさらに次のように改訂する。

（7） 母音融合ルール：
次の母音連続を融合せよ。
ai → {ee, e, aa}
ei → {ee, e}

　次に、母音語幹動詞についてであるが、共通語の「テ」に相当する部分に促音や撥音が現れていないので、タイプA～G方言のように、r語幹化現象は関係しない。また、動詞語幹に活用接辞 /te/ が付与されるだけであるので、音韻ルールは何も適用されない。参考までに、二江方言・都呂々方言・福連木方言・牛深町方言のr語幹化の実態を次に挙げておく。

【表3】 タイプNA方言の母音語幹動詞の否定形

	二江	都呂々	福連木	牛深町	平尾	意味
i1語幹動詞	miɴ miraɴ	%miɴ miraɴ	miɴ *miraɴ	miɴ %miraɴ	miɴ %miraɴ	見ない
i2語幹動詞	okiɴ okiraɴ	%okiɴ ?okiraɴ	%okiɴ okiraɴ	okiɴ %okiraɴ	%okiɴ okiraɴ	起きない
e1語幹動詞	deɴ deraɴ	deɴ *deraɴ	deɴ *deraɴ	deɴ %deraɴ	%deɴ deraɴ	出ない
e2語幹動詞	ukeɴ[22] *ukeraɴ	uʃiteɴ *uʃiteraɴ	uʃiteta[23] -----	çittʃeɴ *çittʃeraɴ	suteɴ *suteraɴ	捨てない

　調査漏れの箇所もあるが、二江方言・都呂々方言・福連木方言は同様の分布を示している。即ち、すべての母音語幹動詞がr語幹化していないようである。それに対して、牛深町方言では、i1, i2, e1語幹動詞でr語幹化する傾向が強く、e2語幹動詞ではr語幹化していない。平尾方言では、i1語幹動詞でr語幹化する傾向が強いが、その他ではr語幹化しない傾向が強い。
　最後に、不規則動詞に関してであるが、ここでも音韻ルールは何も適用さ

れない。

以上より、ここで適用されるルールをまとめると、次の通りである。

(8) a. 逆行同化ルール:
形態素末・単語末の子音を、その直後にある子音に、鼻音性以外の点で、同化せよ。
   b. 有声性順行同化ルール:
語幹末分節音が有声音であるとき、形態素境界を挟んで直後の子音を有声音にせよ。
   c. i 挿入ルール:
/t/ で始まる活用接辞が動詞語幹に付与されたとき、語幹末分節音 /s, k, g/ の直後に、/i/ を挿入せよ。
   d. 音便ルール:
初頭音に [t] を持つ活用接辞が語幹に付与される際、語幹末子音及びその直前の母音が融合して、次のような音便現象を起こす。
      om → oo
      am → {oo, o}
      aw → {oo, o}
      ob → {oo, o}
      ub → {uu, u}
   e. s, k, g 消去ルール:
/t/ で始まる活用接辞が動詞語幹に付与されたとき、語幹末の /i/ の直前の /s, k, g/ を消去せよ。
   f. 母音融合ルール:
次の母音連続を融合せよ。
      ai → {ee, e, aa}
      ei → {ee, e}

2.1.2. タイプ NB 方言

このタイプに属する方言には、笛吹方言・前方方言がある。

2.1.2.1. データ

まず、【表4】に動詞テ形のデータを挙げる。

【表4】 タイプ NB 方言データ

	笛吹	前方	意味
/kaw/〈買う〉	ko:tʃikita	ko:tʃikita	買ってきた
/orab/〈叫ぶ〉	orodʒikita	orodʒikita	叫んできた
/jom/〈読む〉	jondʒikita	jondʒikita	読んできた
/kas/〈貸す〉	kaʃitʃikita	kaʃitʃikita	貸してきた
/kak/〈書く〉	kaitʃikita	kaitʃikita	書いてきた
/ojog/〈泳ぐ〉	ojoidʒikita	ojoidʒikita	泳いできた
/tor/〈取る〉	tottʃikita	tottʃikita	取ってきた
/kat/〈勝つ〉	kattʃikita	kattʃikita	勝ってきた
/sin/〈死ぬ〉	ʃindʒimire	ʃindʒikurere[24]	死んでみろ
/mi/〈見る〉	mitʃikita	mitʃikita	見てきた
/oki/〈起きる〉	okitʃikita	okitʃikita	起きてきた
/de/〈出る〉	detʃikita	detʃikita	出てきた
/sute/〈捨てる〉	sutetʃikita	uʃitetʃikita	捨ててきた
/i/〜/it/〈行く〉	itʃikita	itʃikita	行ってきた
/ki/〈来る〉	kitʃiminka	kitʃimita[25]	来てみないか
/s/〈する〉	ʃitʃikita	ʃitʃikita	してきた

第2章 方言タイプの記述　115

【表4】を分かりやすくするために、共通語の「テ」に相当する部分の音声に注目して、再度まとめなおしてみると、次のようになる。

【表5】 タイプNB方言の「テ」に相当する部分の音声

	笛吹	前方
w	tʃi	tʃi
b	dʒi	dʒi
m	dʒi	dʒi
s	tʃi	tʃi
k	tʃi	tʃi
g	dʒi	dʒi
r	tʃi	tʃi
t	tʃi	tʃi
n	dʒi	dʒi
i1	tʃi	tʃi
i2	tʃi	tʃi
e1	tʃi	tʃi
e2	tʃi	tʃi
/i/ ～ /it/	tʃi	tʃi
/ki/	tʃi	tʃi
/s/	tʃi	tʃi

ここから分かることは、次の通りである。

(9) a. 共通語の「テ」に相当する部分には、[tʃi]や[dʒi]が現れる。
　　b. [tʃi]で現れる場合は、語幹末分節音が/w, s, k, r, t, i1, i2, e1, e2/及び不規則動詞のときである。
　　c. [dʒi]で現れる場合は、語幹末分節音が/b, m, g, n/のときである。

2.1.2.2. 基底形

動詞語幹の基底形は、【表4】の左列に示したようになる。

　テ形接辞の基底形は、[tʃi] や [dʒi] が現れる形式が見られることから、/ti/ と仮定できる。

2.1.2.3. 音韻ルールと派生過程

ここで適用される音韻ルールは、タイプ NA 方言とほぼ同じである。例えば、[koːtʃikita]〈買ってきた〉は次のように派生される。

（10）　基底形：/kaw+ti#ki+ta/
　　　　　　　↓←音便ルール
　　　　　koo+ti#ki+ta
　　　　　　　↓
　　　　音声形：[koːtʃikita]

また、[ojoidʒikita]〈泳いできた〉は次のような派生過程を辿る。

（11）　基底形：/ojog+ti#ki+ta/
　　　　　　　↓←有声性順行同化ルール
　　　　　ojog+di#ki+ta
　　　　　　　↓←i 挿入ルール
　　　　　ojogi+di#ki+ta
　　　　　　　↓←s, k, g 消去ルール
　　　　　ojo i+di#ki+ta
　　　　　　　↓
　　　　音声形：[ojoidʒikita]

　母音語幹動詞では、動詞語幹にテ形接辞 /ti/ が付与されるだけである。ただし、〈起きてきた〉においては、動詞語幹が r 語幹化しているために、

[okitʃikita] が現れている。以下に、r 語幹化の実態及び〈起きてきた〉の派生過程を挙げる。

【表6】 タイプ NB 方言の母音語幹動詞の否定形

	笛吹	前方	意味
i1 語幹動詞	*miɴ miraɴ	miɴ miraɴ	見ない
i2 語幹動詞	*okiɴ okiraɴ	?okiɴ okiraɴ	起きない
e1 語幹動詞	deɴ deraɴ	deɴ *deraɴ	出ない
e2 語幹動詞	suteɴ *suteraɴ	suteɴ *suteraɴ	捨てない

【表6】から分かるように、笛吹方言と前方方言ではおおよそ分布が類似している。即ち、i1, i2 語幹動詞は r 語幹化する傾向が強く、e1, e2 語幹動詞は r 語幹化しない傾向が強い。

〈起きてきた〉の派生過程を、次に示しておく。

(12)　基底形：/okir+ti#ki+ta/
　　　　　　↓←逆行同化ルール
　　　　　okit+ti#ki+ta
　　　　　　↓
　　　音声形：[okitʃikita]

以上より、ここで適用されるルールをまとめると、次の通りである。

(13) a. 逆行同化ルール：
   形態素末・単語末の子音を、その直後にある子音に、鼻音性以外の点で、同化せよ。
b. 有声性順行同化ルール：
   語幹末分節音が有声音であるとき、形態素境界を挟んで直後の子音を有声音にせよ。
c. i挿入ルール：
   /t/ で始まる活用接辞が動詞語幹に付与されたとき、語幹末分節音 /s, k, g/ の直後に、/i/ を挿入せよ。
d. 音便ルール：
   初頭音に [t] を持つ活用接辞が語幹に付与される際、語幹末子音及びその直前の母音が融合して、次のような音便現象を起こす。
   om → oo
   am → {oo, o}
   aw → {oo, o}
   ob → {oo, o}
   ub → {uu, u}
e. s, k, g 消去ルール：
   /t/ で始まる活用接辞が動詞語幹に付与されたとき、語幹末の /i/ の直前の /s, k, g/ を消去せよ。

2.2. 非テ形現象方言の比較

本節では、上述の2つのタイプの非テ形現象方言を、「テ」に相当する部分の音声・基底形・音韻ルールという3つの観点から比較する。

2.2.1. 「テ」に相当する部分の音声の比較

まず、「テ」に相当する部分の音声を次の表にまとめる。

第 2 章　方言タイプの記述　119

【表 7】　各方言タイプの「テ」に相当する部分の音声

	タイプ NA	タイプ NB
w	te	tʃi
b	de	dʒi
m	de	dʒi
s	te	tʃi
k	te	tʃi
g	de	dʒi
r	te	tʃi
t	te	tʃi
n	de	dʒi
i1	te	tʃi
i2	te	tʃi
e1	te	tʃi
e2	te	tʃi
/i/ ～ /it/	te	tʃi
/ki/	te	tʃi
/s/	te	tʃi

【表 7】から分かるように、共通語の「テ」に相当する音声に関しては、タイプ NA 方言とタイプ NB 方言で異なるが、いずれのタイプの方言も、それぞれ 2 種類の音声しか現れていない。即ち、真性テ形現象方言のような促音や撥音は全く現れていない。

2.2.2.　基底形の比較

動詞語幹の基底形は、体系上は真性テ形現象方言と同じである。即ち、語幹末分節音の数や種類は同じである。

　テ形接辞の基底形は、タイプ NA 方言では /te/、タイプ NB 方言では /ti/ と仮定できる。真性テ形現象方言では、すべてのタイプの方言において /te/

であったが、非テ形現象方言では、方言のタイプによって、2種類のテ形接辞が設定される。

2.2.3. 音韻ルールの比較

まず、非テ形現象方言に適用されるすべての音韻ルールを、次に挙げる。

(14) a. 逆行同化ルール：
　　　形態素末・単語末の子音を、その直後にある子音に、鼻音性以外の点で、同化せよ。
　b. 有声性順行同化ルール：
　　　語幹末分節音が有声音であるとき、形態素境界を挟んで直後の子音を有声音にせよ。
　c. i 挿入ルール：
　　　/t/ で始まる活用接辞が動詞語幹に付与されたとき、語幹末分節音 /s, k, g/ の直後に、/i/ を挿入せよ。
　d. 音便ルール：
　　　初頭音に [t] を持つ活用接辞が語幹に付与される際、語幹末子音及びその直前の母音が融合して、次のような音便現象を起こす。
　　　　om → oo
　　　　am → {oo, o}
　　　　aw → {oo, o}
　　　　ob → {oo, o}
　　　　ub → {uu, u}
　e. s, k, g 消去ルール：
　　　/t/ で始まる活用接辞が動詞語幹に付与されたとき、語幹末の /i/ の直前の /s, k, g/ を消去せよ。
　f. 母音融合ルール：
　　　次の母音連続を融合せよ。
　　　　ai → {ee, e, aa}

ei → {ee, e}

　次に、(14)の諸ルールがどのタイプの方言に適用されるかを、次の表にまとめてみる。真性テ形現象方言と比較するために、【表8】の左端列には真性テ形現象方言で適用されるすべての音韻ルールを挙げている。

【表8】 音韻ルールの適用

	タイプNA	タイプNB
e 消去ルール	×	×
逆行同化ルール	○	○
単語末子音群簡略化ルール	×	×
有声子音鼻音化ルール	×	×
有声性順行同化ルール	○	○
i 挿入ルール	○	○
音便ルール	○	○
s, k, g 消去ルール	○	○
母音融合ルール	○	×
形態素末鼻音化ルール	×	×

　この中で、(14f)の母音融合ルールにおいては方言差があり、タイプNB方言には存在しない。また、(14d)の音便ルールでは、そこに書かれてあるすべての音便が起こるわけではない。音便現象に関しては、かなりの方言差があるようである。しかし、本書で扱っている諸方言だけでなく、すべての方言に関して、音便現象の体系的な調査は行われていないようである。そのため、実態が明らかになっていない。ここでは、詳細な記述は保留しておく。[26]

　以上、本節では、真性テ形現象方言の対極に位置する非テ形現象方言を取り上げた。そこで、非テ形現象方言を次のように定義する。

(15) 非テ形現象方言の定義：
次の2つの条件 A, B を満たすとき、当該の方言を「非テ形現象方言」という。
　A. 共通語の「テ」に相当するものとして、te/de 相当のものが現れる場合しか存在しない。
　B. te/de 相当のものの分布は、動詞の語幹末分節音の違いには無関係である。

(15B) が言いたいことは、「真性テ形現象の問題としては無関係である」ということである。真性テ形現象以外の問題、即ち「テ形接辞の初頭音 /t/ が [t] か [d] のどちらで現れるか」という有声性順行同化（ルール）の問題においては、語幹末分節音の違い、特に有声性 (voice) の違いが関係してくる。このように考えてくると、結局のところ、真性テ形現象の問題であっても、有声性順行同化の問題であっても、いずれにしても te/de の分布は語幹末分節音の違いに関係してくることになる（(15B) の「無関係である」を「関係がある」に改訂しなければならない）。重要な点は、いずれの問題に関係しているかということである。テ形接辞の現れ方を司る現象（音韻ルール）にはどのようなものがあり（e 消去ルール・有声性順行同化ルールなど）、それらがテ形接辞をどのような音声として出現させているか、といった問題を改めて考えなければならないだろう。これに関しては、理論編（第4章）で扱うことにする。

註

1　他にも長崎県平戸市・長崎県西海市（旧西彼杵郡）崎戸町（蛎浦(かきのうら)・江島・平島）の諸方言は非テ形現象方言である可能性が高い。ただ、断片的なデータしかないため、断定できる段階ではない。詳細は有元光彦 (2000) を参照のこと。

2　トカラ列島では、子宝島・宝島方言で多少のバリエーションが見られるらしいが、詳

細は木部暢子(1995)を参照されたい。
3 語幹は /araw/〈洗う〉である。
4 語幹は /orob/〈叫ぶ〉である。
5 語幹は /job/〈呼ぶ〉である。
6 意味は〈読んできた〉である。
7 語幹は /jom/〈読む〉である。
8 語幹は /nom/〈飲む〉である。
9 語幹は /okos/〈起こす〉である。
10 語幹は /os/〈押す〉である。
11 意味は〈漕いできた〉である。
12 語幹は /tug/〈注ぐ〉である。
13 語幹は /war/〈割る〉である。
14 語幹は /tat/〈立つ〉である。
15 語幹は /ori/〈降りる〉であるが、/ore/ である可能性もある。
16 意味は〈受けてきた〉である。
17 語幹は /uke/〈受ける〉である。
18 語幹は /hittye/〈捨てる〉である。
19 語幹は /age/〈上げる〉である。
20 語幹は /ake/〈開ける〉である。
21 語幹は /itate/〈行く〉である。
22 意味は〈受けない〉である。
23 意味は〈捨てた〉である。
24 意味は〈死んでくれ〉である。
25 意味は〈来てみた〉である。
26 長崎県五島市(旧福江市)下崎山方言の音便については有元光彦(1991b)を、九州方言の音便(特にウ音便)については藤田勝良(1992, 1993, 1995)・九州方言学会編(1969/1991)等を参照されたい。

3. 全体性テ形現象方言

本節で述べる全体性テ形現象は、以下に見るように、真性テ形現象と非テ形現象の両方に類似した現象である。しかし、真性テ形現象が起こらないという点では、非テ形現象と同類であると言ってよいのかもしれない。[1]

このタイプに属する方言としては、鹿児島（南さつま市笠沙町片浦・枕崎市西白沢）の2方言しか見つけていない。おそらく、鹿児島市を中心として広く分布するものと考えられるが、詳細な調査をしていないため、本節では上記2方言の観察に止める。

3.1. 全体性テ形現象方言の記述

本節では、鹿児島県南さつま市（旧川辺郡）笠沙町片浦方言・鹿児島県枕崎市西白沢方言の2方言を記述していく。共通語の「テ」に相当する部分の音声及びその分布に注目すると、両方言は1つのタイプにまとめられるので、便宜上「タイプWA方言」として同時に記述していく。言うまでもなく、他のタイプの方言が存在する可能性もあるが、それは今後の調査を待つしかない。

3.1.1. タイプWA方言

本節では、タイプWA方言を記述する。前述の通り、このタイプに属する方言は、現時点で片浦方言・西白沢方言の2方言だけである。

3.1.1.1. データ

まず、【表1】に動詞テ形のデータを挙げる。

【表1】 タイプWA方言データ

語幹	片浦	西白沢	意味
/kaw/〈買う〉	kokkita	kokkita	買ってきた
/orab/〈叫ぶ〉	orokkita	orokkita	叫んできた
/am/〈編む〉	akkita aŋkita	aŋkure[2] akkure	編んできた
/okes/〈起こす〉	okekkita	okekkure[3]	起こしてきた
/kak/〈書く〉	kekkita	kekkure[4]	書いてきた
/ojog/〈泳ぐ〉	ojokkita	oekkita ojokkita	泳いできた
/tor/〈取る〉	tokkita	tokkita	取ってきた
/kat/〈勝つ〉	kakkita	kakkita	勝ってきた
/sin/〈死ぬ〉	ʃimmire	ʃiŋkure[5]	死んでみろ
/mi/〈見る〉	mikkita	mikkita	見てきた
/oki/〈起きる〉	okikkita	okikkita	起きてきた
/de/〈出る〉	dekkita	dekkure[6]	出てきた
/usse/〈捨てる〉	ussekkita	ussekkita	捨ててきた
/i/〜/it/〈行く〉	itakkita[7] ikkita	itakkita[8] *ikkita	行ってきた
/ki/〈来る〉	kimmijai	kitekkure[9] *kikkure	来てみなさい
/s/〜/se/〈する〉	ʃikkita sekkita	sekkita	してきた

　【表1】を分かりやすくするために、共通語の「テ」に相当する部分の音声に注目して、再度まとめなおしてみると、次の【表2】のようになる。

【表2】 タイプWA方言の「テ」に相当する部分の音声

	片浦	西白沢
w	Q	Q
b	Q	Q
m	N	N
s	Q	Q
k	Q	Q
g	Q	Q
r	Q	Q
t	Q	Q
n	N	N
i1	Q	Q
i2	Q	Q
e1	Q	Q
e2	Q	Q
/i/ 〜 /it/	Q	Q
/ki/	Q	Q
/s/ 〜 /se/	Q	Q

ここから分かることは、次のようなことである。

(1) a. 共通語の「テ」に相当する部分には、促音や撥音が現れている。
   b. 促音で現れる場合は、語幹末分節音が /w, b, s, k, g, r, t, i1, i2, e1, e2/ 及び不規則動詞のときである。
   c. 撥音で現れる場合は、語幹末分節音が /m, n/ のときである。

このタイプの方言は、すべての動詞において促音や撥音が現れており、[te] や [de] は一切現れないという点で、真性テ形現象方言とは一線を画している。しかし、共通語の「テ」に相当する部分の音声として促音や撥音が現れ

るという点では、真性テ形現象方言と類似している。
　また、真性テ形現象方言の定義から分かるように、促音や撥音の分布が真性テ形現象問題と無関係であるという点で、非テ形現象方言と類似していると言えよう。しかし、分布は非テ形現象方言とは異なっているので、この点では類似していないと言える。
　以上のように、ある点では真性テ形現象方言と類似しており、別のある点では非テ形現象方言と類似しているのである。そういう意味では、テ形現象方言と非テ形現象方言との中間的な位置付けをされる方言であるように考えられる。

3.1.1.2. 基底形
動詞語幹の基底形は、【表1】の左列に示したようになる。
　テ形接辞の基底形は、共通語の「テ」に相当する部分に [te] や [de] が現れないので、テ形現象方言のように /te/ を設定することはできない。促音や撥音しか現れていないので、調音点が指定されていないような分節音を仮定するしかない。記号としては /Q/ としておく。/Q/ は、調音点に関する弁別素性が無指定の、いわば原音素（archi-phoneme）のようなものである。/Q/ は子音、即ち [-syl] である。

3.1.1.3. 音韻ルールと派生過程
真性テ形現象方言との決定的な違いは、全体性テ形現象方言がe消去ルールを持っていないということである。
　まず、子音語幹動詞から見ていく。例えば、[kokkita]〈買ってきた〉の派生過程を次に示す。

（2） 基底形：/kaw+Q#ki+ta/
　　　　　　　↓←音便ルール
　　　　　ko +Q#ki+ta
　　　　　　　↓←逆行同化ルール
　　　　　ko +k#ki+ta
　　　　　　　↓
　　　音声形：[kokkita]

次に、[orokkita]〈叫んできた〉は次のような派生過程を辿る。

（3） 基底形：/orab+Q#ki+ta/
　　　　　　　↓←音便ルール
　　　　　oro+Q#ki+ta
　　　　　　　↓←逆行同化ルール
　　　　　oro+k#ki+ta
　　　　　　　↓
　　　音声形：[orokkita]

ここでは、ab → o という音便ルールが適用されなければならないので、次のように改訂する必要がある。

（4） 音便ルール：
　　　初頭音に [t] を持つ活用接辞が語幹に付与される際、語幹末子音及びその直前の母音が融合して、次のような音便現象を起こす。

　　　om → oo
　　　am → {oo, o}
　　　aw → {oo, o}
　　　ob → {oo, o}
　　　ub → {uu, u}

　　　　ab → o

また、共通語の「テ」に相当する部分に撥音が現れる、例えば [aŋkita]〈編んできた〉は次のように派生される。

（5）　基底形：/am+Q#ki+ta/
　　　　　　　↓←単語末子音群簡略化ルール
　　　　　am+ #ki+ta
　　　　　　　↓←逆行同化ルール
　　　　　aŋ+ #ki+ta
　　　　　　　↓
　　　音声形：[aŋkita]

次に、[kekkita]〈書いてきた〉は次のように派生される。

（6）　基底形：/kak+Q#ki+ta/
　　　　　　　↓←i 挿入ルール
　　　　　kaki+Q#ki+ta
　　　　　　　↓← s, k, g 消去ルール
　　　　　ka i+Q#ki+ta
　　　　　　　↓←母音融合ルール
　　　　　ke+Q#ki+ta
　　　　　　　↓←逆行同化ルール
　　　　　ke+k#ki+ta
　　　　　　　↓
　　　音声形：[kekkita]

(6)のような派生過程を辿るためには、i 挿入ルールの適用環境が問題となる。次に、従来の i 挿入ルールを再掲する。

（7）i 挿入ルール：
/t/ で始まる活用接辞が動詞語幹に付与されたとき、語幹末分節音 /s, k, g/ の直後に、/i/ を挿入せよ。

(7) の適用環境には「/t/ で始まる活用接辞が動詞語幹に付与されたとき」という規定があるが、(6) において i 挿入ルールが適用する段階では、活用接辞に /Q/ がある。/Q/ は「/t/ で始まる活用接辞」ではないので、このままでは i 挿入ルールが適用されないことになる。[10] しかし、i 挿入ルールの適用環境に /Q/ を付け加えることは、不自然なルールを作ってしまうことになる。この問題を解決するためには、次の 2 つの方法が考えられる。

（8）a. テ形接辞を、/Q/ ではなく、/t/ とする。i 挿入ルールの記述はそのままにする。
　　b. テ形接辞 /Q/ に [+cor] が指定されているとする。i 挿入ルールの適用環境を、「/t/ で始まる」ではなく、「[+cor] で始まる」とする。

(8a) は、/Q/ のような不完全指定の分節音をやめ、/t/ という 1 つの子音から成るテ形接辞を仮定する方法である。一方 (8b) は、/t/ にも /Q/ にも共通の弁別素性 [+cor] を指定しておき、これを利用して、i 挿入ルールを記述しようとする方法である。ここでは、記述が簡潔になる方法、即ち (8a) を採用する。

　母音語幹動詞及び不規則動詞においては、動詞語幹にテ形接辞 /t/ を付与するだけでよい。例えば、[mikkita]〈見てきた〉は次のように派生される。

（9）　基底形：/mi+t#ki+ta/
　　　　　　　↓←逆行同化ルール
　　　　　mi+k#ki+ta
　　　　　　　↓
　　　音声形：[mikkita]

議論には直接関係ないが、参考のために、母音語幹動詞のr語幹化のデータを次に挙げておく。西白沢方言は現時点では調査していない。

【表3】 タイプWA方言の母音語幹動詞の否定形

	片浦	西白沢	意味
i1語幹動詞	*miN miraN	-----	見ない
i2語幹動詞	*okiN okiraN	-----	起きない
e1語幹動詞	deN %deraN	-----	出ない
e2語幹動詞	suteN *suteraN	-----	捨てない

また、[ʃikkita]〈してきた〉は次のような派生過程を辿る。

(10)　基底形：/s+t#ki+ta/

　　　　　　　↓←i挿入ルール

　　　si+t#ki+ta

　　　　　　　↓←逆行同化ルール

　　　si+k#ki+ta

　　　　　　　↓

　　音声形：[ʃikkita]

3.2. 全体性テ形現象方言の比較

本来ならば、いくつかのタイプの方言を比較するのであるが、全体性テ形現象方言は現時点で1種類のタイプしか見つかっていないので、比較対象が存在しない。従って、本節では、1種類のタイプである「タイプWA方言」を

再度まとめることにする。

3.2.1. 「テ」に相当する部分の音声の比較
共通語の「テ」に相当する部分の音声をまとめると、次のようになる。

【表4】「テ」に相当する部分の音声

	タイプWA
w	Q
b	Q
m	N
s	Q
k	Q
g	Q
r	Q
t	Q
n	N
i1	Q
i2	Q
e1	Q
e2	Q
/i/ 〜 /it/	Q
/ki/	Q
/s/ 〜 /se/	Q

【表4】から分かるように、共通語の「テ」に相当する部分には、促音・撥音という2種類の音声が現れている。

3.2.2. 基底形の比較
動詞語幹の基底形は、体系上は真性テ形現象方言と同じである。

テ形接辞の基底形は、/t/ という1つの子音から成る分節音である。

3.2.3. 音韻ルールの比較
まず、全体性テ形現象方言で仮定された音韻ルールを、次にすべて列挙する。

(11) a. 逆行同化ルール：
形態素末・単語末の子音を、その直後にある子音に、鼻音性以外の点で、同化せよ。
b. 単語末子音群簡略化ルール：
単語末で2つの子音が連続するとき、単語末の方の子音を消去せよ。
c. i 挿入ルール：
/t/ で始まる活用接辞が動詞語幹に付与されたとき、語幹末分節音 /s, k, g/ の直後に、/i/ を挿入せよ。
d. 音便ルール：
初頭音に [t] を持つ活用接辞が語幹に付与される際、語幹末子音及びその直前の母音が融合して、次のような音便現象を起こす。

  om → oo
  am → {oo, o}
  aw → {oo, o}
  ob → {oo, o}
  ub → {uu, u}
  ab → o

e. s, k, g 消去ルール：
/t/ で始まる活用接辞が動詞語幹に付与されたとき、語幹末の /i/ の直前の /s, k, g/ を消去せよ。
f. 母音融合ルール：
次の母音連続を融合せよ。

ai → {ee, e}
ei → ee
oi → e

　次に、(11) の諸ルールがどのタイプの方言に適用されるかを、次の表にまとめてみる。真性テ形現象方言などと比較するために、【表5】の左端列には真性テ形現象方言で適用されるすべての音韻ルールを挙げている。

【表5】　音韻ルールの適用

	タイプ WA
e 消去ルール	×
逆行同化ルール	○
単語末子音群簡略化ルール	○
単語末有声子音鼻音化ルール	×
有声性順行同化ルール	×
i 挿入ルール	○
音便ルール	○
s, k, g 消去ルール	○
母音融合ルール	○
形態素末鼻音化ルール	×

　ここから分かるように、e 消去ルールが存在しないという点では、非テ形現象方言と同じであるが、単語末子音群簡略化ルール・単語末有声子音鼻音化ルールが適用されるという点では、真性テ形現象方言のタイプ A, C 方言と同じである。
　以上、本節では、真性テ形現象方言にも非テ形現象方言にも類似する全体性テ形現象方言を取り上げた。そこで、全体性テ形現象方言を次のように定義する。

(12)　全体性テ形現象方言の定義：
　　　次の2つの条件A, Bを満たすとき、当該の方言を「全体性テ形現象方言」という。
　　　　A. 共通語の「テ」に相当するものとして、Q/N の現れる場合しか存在しない。
　　　　B. Q/N の分布は、動詞の語幹末分節音の違いには無関係である。

(12B) も、非テ形現象方言の場合と同様、真性テ形現象の問題に関しては無関係である。他の現象に対しては関係があるので、理論編（第4章）で改めて議論する。

註
1　全体性テ形現象方言を、有元光彦 (2002) では、「タイプH方言」として「テ形現象方言」の中に下位分類していたが、本節ではそれを止め、「真性テ形現象方言」と同レベルに位置付ける。
2　〈編んでくれ〉の意。[aŋkure] は比較的若い層（中年層以下）で見られる。しかし、老年層であっても、[joŋkita]〈読んできた〉のように、共通語の「テ」に相当する部分に撥音が現れる場合があるので、ここでは m 語幹動詞のときには撥音で現れるとしておく。
3　意味は〈起こしてくれ〉である。
4　意味は〈書いてくれ〉である。
5　意味は〈死んでくれ〉である。
6　意味は〈出てくれ〉である。
7　語幹は /itate/〈行く〉である。
8　語幹は /itate/〈行く〉である。
9　意味は〈来てくれ〉である。[kite] と [kure] の間に入る促音は、〈来てはくれ（ないか）〉の「は」のような助詞であると考えられる。
10　同様の理由で、(4) 音便ルールにも問題がある。

4. 擬似テ形現象方言

本節では、真性テ形現象に類似した現象、即ち擬似テ形現象を持つ方言(擬似テ形現象方言)を観察する。

前述した全体性テ形現象方言もある面で真性テ形現象方言に類似していたが、擬似テ形現象方言は、真性テ形現象方言が持っている e 消去ルールと同じような音韻ルールを持っているという点で、全体性テ形現象方言とは本質的に異なっている。

4.1. 擬似テ形現象方言の記述

擬似テ形現象方言に属する方言は、長崎県の南松浦郡新上五島町(旧新魚目町)津和崎(中通島)、及び長崎県島原半島全域(島原市・島原市有明町・雲仙市(旧南高来郡)小浜町・雲仙市千々石町・雲仙市南串山町・雲仙市国見町・南島原市(旧南高来郡)深江町・南島原市西有家町・南島原市北有馬町・南島原市南有馬町・南島原市口之津町・南島原市加津佐町)、そして熊本県上天草市(旧天草郡)大矢野町維和・鹿児島県薩摩川内市(旧薩摩郡)上甑町(旧上甑村)瀬上(上甑島)の方言である。

本節では、共通語の「テ」に相当する部分の音声及びその分布に注目して、3つのタイプに下位分類することにする。それらを、便宜上「タイプPA方言」「タイプPB方言」「タイプPC方言」とする。

以下、順にデータを観察していく。

4.1.1. タイプPA方言

このタイプに属する方言は、島原半島方言・大矢野町維和方言である。大矢野町維和方言は、真性テ形現象方言(タイプB方言)と擬似テ形現象方言(タイプPA方言)が同居する"共生"タイプである。これについては、理論編(第2章1.1.)を参照されたい。

4.1.1.1. データ

まず、代表例として小浜町・千々石町・西有家町方言の動詞テ形のデータを【表1】に挙げる。西有家町方言のデータは有川郁代 (2001) から引用する。

【表1】 タイプPA方言データ

	小浜町	千々石町	西有家町	意味
/kaw/〈買う〉	ko:tʃikita	ko:tʃikita	ko:çikita	買ってきた
/asob/〈遊ぶ〉	aso:tʃikita	aso:tʃikita	asuçikita	遊んできた
/nom/〈飲む〉	no:tʃikita	no:tʃikita	no:çikita	飲んできた
/kas/〈貸す〉	kja:tʃikita	ke:tʃikita ka:tʃikita[1]	kja:çikita	貸してきた
/kak/〈書く〉	kja:tʃikita	kja:tʃikita ka:tʃikita	kja:çikita	書いてきた
/ojog/〈泳ぐ〉	ojo:tʃikita	oe:tʃikita ojo:tʃikita[2]	oeçikita	泳いできた
/tor/〈取る〉	tottekita *tottʃikita	tottekita *tottʃikita	tottekita	取ってきた
/kat/〈勝つ〉	kattekita *kattʃikita	kattekita *kattʃikita	kattekita	勝ってきた
/sin/〈死ぬ〉	ʃindemiro *ʃindʒimiro	ʃindemiro	-----	死んでみろ
/mi/〈見る〉	mitekita *mikkita *mitʃikita	mitekita *mittekita *mitʃikita	mitekita	見てきた
/oki/〈起きる〉	okittekita *okittʃikita	okittekita okitekita *okittʃikita	okitekita	起きてきた
/de/〈出る〉	detekita *dekkita *detʃikita	detekita *dettekita *detʃikita	detekita	出てきた
/uke/〈受ける〉	uke:tʃikita	uke:tʃikita	ukeçikita	受けてきた
/i/~/it/〈行く〉	itekita *ikkita	itekita ittekita	itekita	行ってきた
/ki/〈来る〉	kitemire: *kiʔmire:	kitemi:ja *kitʃimi:ja	kitemire	来てみろ
/s/~/se/〈する〉	ʃitekita *sekkita	ʃitekita *ʃitʃikita *sekkita	ʃitekita	してきた

タイプPA方言において、「テ」に相当する部分に [çi] が体系的に現れる方言は西有家町方言だけである。その他の方言では、語彙的に現れる場合がある。例えば、島原市方言では [toːtʃikita]〈飛んできた〉の他に [toːçikita] という形も存在する。おそらく、[çi] は [tʃi] が弱化したものであろう。

【表1】を分かりやすくするために、共通語の「テ」に相当する部分の音声に注目して、再度まとめなおしてみると、次のようになる。

【表2】 タイプPA方言の「テ」に相当する部分の音声

	小浜町	千々石町	西有家町
w	tʃi	tʃi	çi
b	tʃi	tʃi	çi
m	tʃi	tʃi	çi
s	tʃi	tʃi	çi
k	tʃi	tʃi	çi
g	tʃi	tʃi	çi
r	te	te	te
t	te	te	te
n	de	de	---
i1	te	te	te
i2	te	te	te
e1	te	te	te
e2	tʃi	tʃi	çi
/i/~/it/	te	te	te
/ki/	te	te	te
/s/	te	te	te

ここから分かることは、次の通りである。

（1）a. 共通語の「テ」に相当する部分の音声は、[tʃi]（西有家方言では [çi]）、

[te], [de] で現れている。
 b. [tʃi]（西有家町方言では [çi]）で現れる場合は、語幹末分節音が /w, b, m, s, k, g, e2/ のときである。
 c. [te] で現れる場合は、語幹末分節音が /r, t, i1, i2, e1/ 及び不規則動詞のときである。
 d. [de] で現れる場合は、語幹末分節音が /n/ のときである。

(1)を見る限りでは、真性テ形現象方言とは全く類似していないように見える。なぜなら、真性テ形現象方言では、共通語の「テ」に相当する部分の音声として促音や撥音が現れるが、【表2】には促音や撥音は全く現れていないからである。

しかし、共通語の「テ」に相当する部分に3種類の音声が現れるという点では、真性テ形現象方言、特にタイプB方言に類似している。即ち、小浜町方言とタイプB方言との間には、次のような対応関係が見られる。

(2) 共通語の「テ」に相当する部分の音声の対応関係：
　　タイプPA方言：[tʃi]/[çi] 　[te] 　　[de]
　　　　　　　　　　 ｜ 　　　　 ｜ 　　　 ｜
　　タイプB方言： 　　Q 　　　 te 　　　de

(2)から分かるように、共通語の「テ」に相当する部分の音声は異なるが、その音声の分布に関してはタイプB方言と対応するのである。分布に関しては、タイプB方言ではe消去ルールの適用環境が司っていたので、タイプPA方言でも、この適用環境を利用した音韻ルールを立てることになるだろう。詳細は、4.1.1.3.で記述する。

4.1.1.2. 基底形
動詞語幹の基底形は、【表1】の左端列に示してある通りである。体系的には、真性テ形現象方言・非テ形現象方言・全体性テ形現象方言と同じであ

る。
　テ形接辞の基底形としては、[te], [de] が現れているので、/te/ とする。西有家町の場合も同様である。

4.1.1.3. 音韻ルールと派生過程

まず、タイプ A 方言とタイプ B 方言との間に (2) のような対応関係があることから、タイプ B 方言が持っている e 消去ルールの適用環境を利用して、次のような音韻ルールを仮定することができる。[3]

（3）　テ形接辞 e/i 交替ルール：
　　　語幹末分節音が XA でない動詞語幹にテ形接辞 /te/ が続く場合、テ形接辞 /te/ の /e/ を /i/ に交替させよ。
　　　　XA=/r, t, n/

(3) は、テ形接辞 /te/ を /ti/ に交替させるルールである。このルールの適用環境 XA は、タイプ B 方言（あるいはタイプ A 方言）の e 消去ルールの適用環境 XB（あるいは XA）と同じである。(3) では XA を使って書いておく。ルールの出力が異なるので、e 消去ルールとテ形接辞 e/i 交替ルールとは異なるルールなのであるが、かなり類似性が高いので、両者には何らかの関連性があるように考えられる。

　(3) を適用することによって、例えば [koːtɕikita]〈買ってきた〉は次のように派生される。

（4）　基底形：/kaw+te#ki+ta/
　　　　　　　↓←テ形接辞 e/i 交替ルール
　　　　kaw+ti#ki+ta
　　　　　　↓←音便ルール
　　　　koo+ti#ki+ta
　　　　　　↓

音声形：[koːtʃikita]

また、[ojoːtʃikita]〈泳いできた〉は次のように派生される。

（5）　基底形：/ojog+te#ki+ta/
　　　　　　　↓←テ形接辞 e/i 交替ルール
　　　　　ojog+ti#ki+ta
　　　　　　　↓← i 挿入ルール
　　　　　ojogi+ti#ki+ta
　　　　　　　↓← s, k, g 消去ルール
　　　　　ojo i+ti#ki+ta
　　　　　　　↓←母音融合ルール
　　　　　ojoo+ti#ki+ta
　　　　　　　↓
　　　　音声形：[ojoːtʃikita]

g 語幹動詞では、i 挿入ルールによって語幹末分節音の直後に /i/ が挿入され、その後 s, k, g 消去ルールによって、語幹末分節音 /g/ が消去され、最後に二重母音が oi → oo というように融合する、という派生を辿る。s, k 語幹動詞も同様の派生過程を辿るので、母音融合ルールを次のように改訂する。

（6）　母音融合ルール：
　　　次の母音連続を融合せよ。
　　　　ai → {ee, e, aa}
　　　　ei → ee
　　　　oi → {ee, e, oo}

問題は oi → oo という母音融合があまり自然ではないという点である。自然でないルールを設定しないということであれば、og → oo, ak → aa, as → aa

という音便ルールを設定するという方法もある。ただし、何でも音便ルールに詰め込むわけにはいかない。og → oo という交替も、厳密には、まず /g/ が消去され、次にそれが原因で直前の母音の「代償延長(compensatory lengthening)」が起こったものと考えられる (cf. Poser (1985))。代償延長の現象は、様々な言語で見られる現象である (cf. Kenstowicz (1994))。即ち、次のような派生過程になろう。

(7)　基底形：/ojog+te#ki+ta/
　　　　　↓ ←テ形接辞 e/i 交替ルール
　　　ojog+ti#ki+ta
　　　　↓ ← s, k, g 消去ルール
　　　ojo +ti#ki+ta
　　　　↓ ←代償延長
　　　ojoo+ti#ki+ta
　　　　↓
　　音声形：[ojo:tʃikita]

しかし、そうすると、今度は s, k, g 消去ルールの仮定が難しくなる。現時点では、「語幹末の /i/ の直前」という環境を設定しているが、(7)ではその環境を満たしていない。従って、従来の s, k, g 消去ルールの他に、(7)のような環境で、語幹末の /g/ を消去するようなルールを仮定しなければならなくなる。これは、s, k 語幹動詞においても同じ状況である。以上、いずれの方法を選んでも、何らかの問題があるようである。従って、現時点では、(6)のルールを使って、(5)のように派生されると仮定しておく。

　次に、母音語幹動詞であるが、ここでは動詞語幹の r 語幹化の問題が絡んでくる。その実態を次の表にまとめる。

【表3】 タイプ PA 方言の母音語幹動詞の否定形

	小浜町	千々石町	西有家町	意味
i1 語幹動詞	miN miraN	miN %miraN	miN miraN	見ない
i2 語幹動詞	okiN %okiraN	okiN okiraN	okiN okiraN	起きない
e1 語幹動詞	deN deraN	deN deraN	deN *deraN	出ない
e2 語幹動詞	suteN *suteraN	%suteN suteraN	ukeN[4] *ukeraN	捨てない

【表3】を見る限りでは、おおよそ i1, i2, e1 語幹動詞は r 語幹化する傾向が強く、e2 語幹動詞は r 語幹化しない傾向が強いようである。従って、e2 語幹動詞である /uke/〈受ける〉は (3) の適用を受けることになる。

　以上、タイプ PA 方言に適用される音韻ルールをまとめると、次のようになる。

(8) a. テ形接辞 e/i 交替ルール：
　　　語幹末分節音が XA でない動詞語幹にテ形接辞 /te/ が続く場合、テ形接辞 /te/ の /e/ を /i/ に交替させよ。
　　　　XA=/r, t, n/
　　b. 逆行同化ルール：
　　　形態素末・単語末の子音を、その直後にある子音に、鼻音性以外の点で、同化せよ。
　　c. 有声性順行同化ルール：
　　　語幹末分節音が有声音であるとき、形態素境界を挟んで直後の子音を有声音にせよ。

d. i 挿入ルール：
 /t/ で始まる活用接辞が動詞語幹に付与されたとき、語幹末分節音 /s, k, g/ の直後に、/i/ を挿入せよ。

e. 音便ルール：
 初頭音に [t] を持つ活用接辞が語幹に付与される際、語幹末子音及びその直前の母音が融合して、次のような音便現象を起こす。

   om → oo
   am → {oo, o}
   aw → {oo, o}
   ob → {oo, o}
   ub → {uu, u}
   ab → o

f. s, k, g 消去ルール：
 /t/ で始まる活用接辞が動詞語幹に付与されたとき、語幹末の /i/ の直前の /s, k, g/ を消去せよ。

g. 母音融合ルール：
 次の母音連続を融合せよ。

   ai → {ee, e, aa}
   ei → ee
   oi → {ee, e, oo}

4.1.2. タイプ PB 方言

このタイプに属する方言には、津和崎方言がある。

4.1.2.1. データ

まず、【表 4】に動詞テ形のデータを挙げる。

【表4】 タイプPB方言データ

	津和崎	意味
/kaw/〈買う〉	ko:tsukita	買ってきた
/asub/〈遊ぶ〉	asu:dzukita	遊んできた
/nom/〈飲む〉	no:dzukita	飲んできた
/kas/〈貸す〉	ka:tsukita	貸してきた
/kak/〈書く〉	ka:tsukita	書いてきた
/tig/〈注ぐ〉	tʃi:ndzukita	注いできた
/tor/〈取る〉	tottekita *tokkita	取ってきた
/kat/〈勝つ〉	kattekita *kakkita	勝ってきた
/sin/〈死ぬ〉	ʃinde *ʃimmire *ʃi:dzumire	死んで（みろ）
/mi/〈見る〉	mitekita *mikkita	見てきた
/oki/〈起きる〉	okittekita *okikkita	起きてきた
/de/〈出る〉	de:tsukita *dekkita	出てきた
/usute/〈捨てる〉	usute:tsukita *usutekkita	捨ててきた
/i/~/it/〈行く〉	itekita *ikkita	行ってきた
/ki/〈来る〉	kitemire: *kiʔmire:	来てみろ
/s/~/se/〈する〉	ʃitekita *ʃikkita *sekkita	してきた

【表4】を分かりやすくするために、共通語の「テ」に相当する部分の音声に注目して、再度まとめなおしてみると、次のようになる。

【表5】 タイプPB方言の「テ」に相当する部分の音声

	津和崎
w	tsu
b	dzu
m	dzu
s	tsu
k	tsu
g	dzu
r	te
t	te
n	de
i1	te
i2	te
e1	tsu
e2	tsu
/i/~/it/	te
/ki/	te
/s/	te

ここから分かることは、次の通りである。

(9) a. 共通語の「テ」に相当する部分の音声は、[tsu], [dzu], [te], [de] で現れている。
　　b. [tsu] で現れる場合は、語幹末分節音が /w, s, k, e1, e2/ のときである。
　　c. [dzu] で現れる場合は、語幹末分節音が /b, m, g/ のときである。
　　d. [te] で現れる場合は、語幹末分節音が /r, t, i1, i2/ 及び不規則動詞の

ときである。
  e. [de] で現れる場合は、語幹末分節音が /n/ のときである。

ここでも、(9) を見る限りでは、真性テ形現象方言とは異なるタイプのように見える。しかし、ここで現れる4種類の音声の分布に注目すると、真性テ形現象方言のタイプA方言との間に、次のような対応関係が見られる。

(10)　共通語の「テ」に相当する部分の音声の対応関係：
　　　津和崎方言：　[tsu]　[dzu]　[te]　[de]
　　　　　　　　　　　｜　　　｜　　　｜　　　｜
　　　タイプA方言：　Q　　　N　　　te　　de

(10) から分かるように、津和崎方言の [tsu], [dzu], [te], [de] はタイプA方言の Q, N, te, de にそれぞれ対応するのである。即ち、共通語の「テ」に相当する部分の音声は異なるが、その音声が4種類現れること、及びその音声の分布が、タイプA方言と一致するのである。

4.1.2.2. 基底形

動詞語幹の基底形は、体系的に真性テ形現象方言や非テ形現象方言と同じである。【表4】の左端列に示した通りである。

　問題は、テ形接辞の基底形である。共通語の「テ」に相当する部分に4種類の音声が現れているので、それらの中のいずれかになるのであるが、後述の諸ルールとの関連を考慮すると、/tu/ か /te/ のいずれかが考えられる。いずれを選択しても、設定される音韻ルールにあまり違いはないので、タイプA方言などとの関連性を考慮して、津和崎方言でも接辞基底形には /te/ を仮定することにする。

4.1.2.3. 音韻ルールと派生過程

まず、タイプA方言とは異なり、共通語の「テ」に相当する部分に促音や

撥音は現れないので、e 消去ルールは存在しない。代わりに、当方言では、[tsu], [dzu] が現れているので、次のようなルールが必要となる。

(11) テ形接辞 e/u 交替ルール：
　　　語幹末分節音が XA でない動詞語幹にテ形接辞 /te/ が続く場合、テ形接辞 /te/ の /e/ を /u/ に交替させよ。
　　　　XA=/r, t, n/

このルールは、テ形接辞 /te/ を /tu/ に交替させるルールである。このルールの適用環境 XA は、テ形現象方言のタイプ A 方言（あるいはタイプ B 方言）が持っている e 消去ルールの適用環境 XA（あるいは XB）と同じである。また、4.1.1.3. で記述したテ形接辞 e/i 交替ルールの適用環境 XA とも同じである。

　例えば、[asu:dzukita]〈遊んできた〉は次のように派生される。

(12)　基底形：/asub+te#ki+ta/
　　　　　　　↓←テ形接辞 e/u 交替ルール
　　　　　asub+tu#ki+ta
　　　　　　　↓←有声性順行同化ルール
　　　　　asub+du#ki+ta
　　　　　　　↓←音便ルール
　　　　　asuu+du#ki+ta
　　　　　　　↓
　　　音声形：[asu:dzukita]

次に、[tʃi:ndzukita]〈注いできた〉は次のような派生過程を辿る。

(13)　基底形：/tig+te#ki+ta/
　　　　　　　↓←テ形接辞 e/u 交替ルール

```
tig+tu#ki+ta
  ↓←有声性順行同化ルール
tig+du#ki+ta
  ↓←i 挿入ルール
tigi+du#ki+ta
  ↓←s, k, g 消去ルール
ti i+du#ki+ta
  ↓
```
音声形：[tʃiːndzukita]

ただし、問題は音声形に [n] が含まれていることである。これが、[dz] という有声子音の直前に音声的に入ったものなのか、それとも撥音便として音韻的に入ったものなのかは、現在のところ判断できない。今後の調査に期する。

　母音語幹動詞においては、動詞語幹の r 語幹化の問題が絡んでくる。次に、そのデータを挙げておく。

【表6】　タイプ PB 方言の母音語幹動詞の否定形

	津和崎	意味
i1 語幹動詞	*miɴ miraɴ	見ない
i2 語幹動詞	*okiɴ okiraɴ	起きない
e1 語幹動詞	deɴ *deraɴ	出ない
e2 語幹動詞	usuteɴ -----	捨てない

調査漏れがあるが、おおよそ i1, i2 語幹動詞は r 語幹化しており、e1, e2 語幹動詞は r 語幹化していないようである。即ち、〈見る〉〈起きる〉の語幹はそれぞれ /mir/, /okir/ となっているので、(11) の適用を受けない。一方、〈出る〉〈捨てる〉の語幹はそれぞれ /de/, /usute/ となっているので、(11) の適用を受けるのである。従って、例えば [deːtsukita]〈出てきた〉は次のように派生される。

(14)　基底形：/de+te#ki+ta/
　　　　　　　↓←テ形接辞 e/u 交替ルール
　　　　　de+tu#ki+ta
　　　　　　↓←？
　　　　　dee+tu#ki+ta
　　　　　　↓
　　　音声形：[deːtsukita]

ここで問題となることは、動詞語幹母音の長音化がなぜ起こるかということである。これは、e2 語幹動詞でも起こっている。さらに、前述のタイプ PA 方言の e2 語幹動詞でも起こっている。トリガー (trigger) となるような音韻交替は起こっていないので、代償延長の可能性は低い。従って、音声的なバリエーションと考えられるが、確認はしていない。この問題も保留せざるを得ない。

　不規則動詞においては、例えば [ʃitekita]〈してきた〉は次のように派生される。

(15)　基底形：/s+te#ki+ta/
　　　　　　　↓←i 挿入ルール
　　　　　si+te#ki+ta
　　　　　　↓
　　　音声形：[ʃitekita]

以上、タイプPB方言に適用される音韻ルールをまとめると、次のようになる。

(16) a. テ形接辞 e/u 交替ルール：
　　　語幹末分節音がXAでない動詞語幹にテ形接辞 /te/ が続く場合、テ形接辞 /te/ の /e/ を /u/ に交替させよ。
　　　　XA=/r, t, n/
　　b. 逆行同化ルール：
　　　形態素末・単語末の子音を、その直後にある子音に、鼻音性以外の点で、同化せよ。
　　c. 有声性順行同化ルール：
　　　語幹末分節音が有声音であるとき、形態素境界を挟んで直後の子音を有声音にせよ。
　　d. i 挿入ルール：
　　　/t/ で始まる活用接辞が動詞語幹に付与されたとき、語幹末分節音 /s, k, g/ の直後に、/i/ を挿入せよ。
　　e. 音便ルール：
　　　初頭音に [t] を持つ活用接辞が語幹に付与される際、語幹末子音及びその直前の母音が融合して、次のような音便現象を起こす。
　　　　om → oo
　　　　am → {oo, o}
　　　　aw → {oo, o}
　　　　ob → {oo, o}
　　　　ub → {uu, u}
　　　　ab → o
　　f. s, k, g 消去ルール：
　　　/t/ で始まる活用接辞が動詞語幹に付与されたとき、語幹末の /i/ の直前の /s, k, g/ を消去せよ。

g. 母音融合ルール：

次の母音連続を融合せよ。

ai → {ee, e, aa}

ei → ee

oi → {ee, e, oo}

4.1.3. タイプ PC 方言

このタイプに属する方言には、瀬上方言がある。

4.1.3.1. データ

まず、【表7】に動詞テ形のデータを挙げる。瀬上方言のデータは尾形佳助（1987）より引用する。ただし、データは音声記号に直してある。語幹の基底形も修正した箇所がある。

【表7】 タイプPC方言データ

	瀬上	意味
/uraw/〈歌う〉	uro:re	歌って
/tob/〈飛ぶ〉	to:ne	飛んで
/jom/〈読む〉	jo:ne	読んで
/hos/〈干す〉	he:re	干して
/kak/〈書く〉	ke:re	書いて
/kog/〈漕ぐ〉	ke:ne	漕いで
/toj/〈取る〉	totte	取って
/tat/〈立つ〉	tatte	立って
/sin/〈死ぬ〉	ʃinnemo	死んでも
/mi/〈見る〉	mitemo	見ても
/oki/〈起きる〉	-----	起きて
/de/〈出る〉	deremo	出ても
/uke/〈受ける〉	-----	受けて
/i/~/it/〈行く〉	-----	行って
/ki/〈来る〉	kitemo	来ても
/s/〈する〉	ʃite	して

　【表7】を分かりやすくするために、共通語の「テ」に相当する部分の音声に注目して、再度まとめなおしてみると、次のようになる。

【表8】 タイプPC方言の「テ」に相当する部分の音声

	瀬上
w	re
b	ne
m	ne
s	re
k	re
g	ne
j	te
t	te
n	ne
i1	te
i2	-----
e1	re
e2	-----
/i/~/it/	-----
/ki/	te
/s/	te

ここから分かることは、次の通りである。

(17) a. 共通語の「テ」に相当する部分の音声は、[re], [ne], [te] で現れている。
   b. [re] で現れる場合は、語幹末分節音が /w, s, k, e1/ のときである。
   c. [ne] で現れる場合は、語幹末分節音が /b, m, g, n/ のときである。
   d. [te] で現れる場合は、語幹末分節音が /j, t, i1/ 及び不規則動詞のときである。

調査漏れの箇所が多いので、正確なことは言えないが、(17)を見る限りで

は、共通語の「テ」に相当する部分に促音や撥音が現れないので、表面上は真性テ形現象方言ではないということが分かる。しかし、「テ」に相当する部分に3種類の音声が現れていることから、津和崎方言と同様、真性テ形現象方言と対応関係があるように見えるが、タイプPA, PB方言の場合のようにはうまく対応していない。例えば、タイプA方言と対応させてみると、次のようになる。

(18) 共通語の「テ」に相当する部分の音声の対応関係：
　　　瀬上方言：　　[re]　　[ne]　　[te]
　　　　　　　　　　｜　　／＼　　｜
　　　タイプA方言：Q　　N　　de　　te

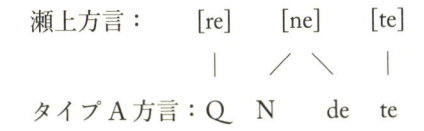

(18)から分かるように、瀬上方言の [re], [te] はそれぞれ Q, te に1対1で対応するが、[ne] は N にも de にも対応し、1対1になっていない。従って、瀬上方言の分布は、他のタイプの方言には見られない特徴を持っているようである。

4.1.3.2. 基底形

動詞語幹の基底形は、体系的には真性テ形現象方言や非テ形現象方言と同じであると考えられる。ただし、r語幹動詞は存在せず、代わりにj語幹動詞が存在する。【表7】では、〈取る〉が相当し、その語幹は /tor/ ではなく、/toj/ となっている。〈取る〉の否定形が [tojaN]〈取らない〉であることからも、〈取る〉がj語幹動詞であることが分かる。

　問題は、テ形接辞の基底形である。共通語の「テ」に相当する部分には [re], [ne], [te] という3種類の音声が現れているので、これらのうちのいずれかを基底形として設定できる。いずれを基底形として設定しても問題はないようであるが、ここでは他方言との類推から /te/ を仮定することにする。

4.1.3.3. 音韻ルールと派生過程

まず、共通語の「テ」に相当する部分に促音や撥音は現れないので、e 消去ルールは存在しない。その代わりに、[re], [ne] が現れているので、次のようなルールを設定する。

(19) テ形接辞 t/r 交替ルール：
　　　語幹末分節音が Y でない動詞語幹にテ形接辞 /te/ が続く場合、テ形接辞 /te/ の /t/ を /r/ に交替させよ。
　　　　Y=/j, t, n/

例えば、[uroːre]〈歌って〉は次のような派生過程を辿る。

(20)　基底形：/uraw+te/
　　　　　　　↓←テ形接辞 t/r 交替ルール
　　　　　uraw+re
　　　　　　↓←音便ルール
　　　　　uroo+re
　　　　　　↓
　　　音声形：[uroːre]

また、[heːre]〈干して〉は、次のように派生される。

(21)　基底形：/hos+te/
　　　　　　　↓←テ形接辞 t/r 交替ルール
　　　　　hos+re
　　　　　　↓←i 挿入ルール
　　　　　hosi+re
　　　　　　↓←s, k, g 消去ルール
　　　　　ho i+re

↓←母音融合ルール
hee+re
↓
音声形：[heːre]

次に、[keːne]〈漕いで〉であるが、この場合、共通語の「テ」に相当する部分が [ne] で現れている。[ne] で現れている動詞の語幹末分節音は、(17c) から /b, m, g, n/ という有声子音であることが分かる。従って、テ形接辞 /te/ が直接 /ne/ に交替するのではなく、おそらく有声性順行同化ルールの適用を受けて /de/ となり、その後 /ne/ に交替すると考えられる。従って、ここでは、d→n という交替ルールを仮定しておく。次のように定式化される。

(22) テ形接辞 d/n 交替ルール：
　　　語幹末分節音が Z でない動詞語幹にテ形接辞 /te/ が続く場合、テ形接辞 /de/ の /d/ を /n/ に交替させよ。
　　　　Z=/j, t/

[keːne]〈漕いで〉の派生過程を示すと、次のようになる。

(23)　基底形：/kog+te/
　　　　　　↓←有声性順行同化ルール
　　　　　kog+de
　　　　　　↓←テ形接辞 d/n 交替ルール
　　　　　kog+ne
　　　　　　↓←i 挿入ルール
　　　　　kogi+ne
　　　　　　↓←s, k, g 消去ルール
　　　　　ko i+ne
　　　　　　↓←母音融合ルール
　　　　　kee+ne
　　　　　　↓
　　　　音声形：[keːne]

　次に、母音語幹動詞の場合であるが、ここでは r 語幹化と同様の現象である「j 語幹化」現象が関連する。次に、データを表にまとめる。

【表 9】　タイプ PC 方言の母音語幹動詞の否定形

	瀬上	意味
i1 語幹動詞	----- mijaɴ	見ない
i2 語幹動詞	----- -----	起きない
e1 語幹動詞	deɴ -----	出ない
e2 語幹動詞	----- -----	捨てない

文献からの引用であるので、ほとんどが調査漏れであるが、【表9】を見る限りでは、i1語幹動詞の〈見る〉はj語幹化しており、語幹は/mij/となっているようである。一方、e1語幹動詞の〈出る〉ではj語幹化していないようである。従って、/mij/〈見る〉は(19)の適用を受けず、/de/〈出る〉は(19)の適用を受ける。

最後に、不規則動詞の場合は、i1語幹動詞と同様、(19)の適用を受けないため、共通語の「テ」に相当する部分には/te/のままで、即ち[te]で現れる。

以上、タイプPC方言に適用される音韻ルールをまとめると、次のようになる。

(24) a. テ形接辞 t/r 交替ルール：
    語幹末分節音がYでない動詞語幹にテ形接辞/te/が続く場合、テ形接辞/te/の/t/を/r/に交替させよ。
      Y=/j, t, n/
  b. テ形接辞 d/n 交替ルール：
    語幹末分節音がZでない動詞語幹にテ形接辞/te/が続く場合、テ形接辞/de/の/d/を/n/に交替させよ。
      Z=/j, t/
  c. 逆行同化ルール：
    形態素末・単語末の子音を、その直後にある子音に、鼻音性以外の点で、同化せよ。
  d. 有声性順行同化ルール：
    語幹末分節音が有声音であるとき、形態素境界を挟んで直後の子音を有声音にせよ。
  e. i挿入ルール：
    /t/で始まる活用接辞が動詞語幹に付与されたとき、語幹末分節音/s, k, g/の直後に、/i/を挿入せよ。

f. 音便ルール：
初頭音に [t] を持つ活用接辞が語幹に付与される際、語幹末子音及びその直前の母音が融合して、次のような音便現象を起こす。

om → oo
am → {oo, o}
aw → {oo, o}
ob → {oo, o}
ub → {uu, u}
ab → o

g. s, k, g 消去ルール：
/t/ で始まる活用接辞が動詞語幹に付与されたとき、語幹末の /i/ の直前の /s, k, g/ を消去せよ。

h. 母音融合ルール：
次の母音連続を融合せよ。

ai → {ee, e, aa}
ei → ee
oi → {ee, e, oo}

4.2. 擬似テ形現象方言の比較

本節では、上述の3タイプの擬似テ形現象方言を、共通語の「テ」に相当する部分の音声・基底形・音韻ルールという3つの観点から比較する。

4.2.1. 「テ」に相当する部分の音声の比較

共通語の「テ」に相当する部分の音声を、各方言ごとに【表10】にまとめてみる。

【表10】 各方言タイプの「テ」に相当する部分の音声

	タイプPA	タイプPB	タイプPC	
w	tʃi	çi	tsu	re
b	tʃi	çi	dzu	ne
m	tʃi	çi	dzu	ne
s	tʃi	çi	tsu	re
k	tʃi	çi	tsu	re
g	tʃi	çi	dzu	ne
r	te	te	te	te
t	te	te	te	te
n	de	-----	de	ne
i1	te	te	te	te
i2	te	te	te	-----
e1	te	te	tsu	re
e2	tʃi	çi	tsu	-----
/i/~/it/	te	te	te	-----
/ki/	te	te	te	te
/s/~/se/	te	te	te	te

【表10】から、全体性テ形現象方言・非テ形現象方言と比較して、現れる音声の種類が多いことが分かる。タイプPA方言では3種類、タイプPB方言では4種類、タイプPC方言では3種類がそれぞれ現れている。真性テ形現象方言では、タイプA, C方言が4種類、タイプB, D, E, F, G方言が3種類現れるので、現れる音声の種類の数では、真性テ形現象方言と擬似テ形現象方言とは類似している。

さて、4.1.で述べてきたが、ここで「テ」に相当する部分の音声の対応関係をまとめてみる。次の通りである。

(25) 共通語の「テ」に相当する部分の音声の対応関係：

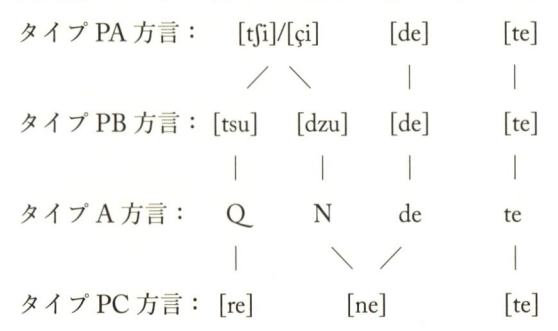

```
タイプ PA 方言：　　[tʃi]/[çi]　　[de]　　[te]
                   ／＼          ｜      ｜
タイプ PB 方言：[tsu]　[dzu]　　[de]　　[te]
                ｜     ｜      ｜      ｜
タイプ A 方言：  Q     N       de      te
                ｜     ＼  ／          ｜
タイプ PC 方言： [re]       [ne]       [te]
```

(25)から分かるように、真性テ形現象方言（タイプA方言）と擬似テ形現象方言とは、共通語の「テ」に相当する部分の音声は異なるが、おおよその対応関係が存在している。

4.2.2. 基底形の比較

動詞語幹の基底形は、体系的には真性テ形現象方言などと同じである。ただし、4.1.3. でも記述したように、タイプPC方言（瀬上方言）では、r語幹動詞の代わりに、j語幹動詞が存在する。しかし、j語幹動詞は、他方言のr語幹動詞と同様に振舞うので、やはり体系上は同じであると言えよう。

次に、テ形接辞の基底形であるが、擬似テ形現象方言では、下位のタイプに共通して、/te/ を設定した。

4.2.3. 音韻ルールの比較

まず、擬似テ形現象方言で適用される音韻ルールを、次にすべて列挙する。

(26) a. テ形接辞 e/i 交替ルール：
語幹末分節音が XA でない動詞語幹にテ形接辞 /te/ が続く場合、テ形接辞 /te/ の /e/ を /i/ に交替させよ。
　　XA=/r, t, n/
b. テ形接辞 e/u 交替ルール：
語幹末分節音が XA でない動詞語幹にテ形接辞 /te/ が続く場合、テ形接辞 /te/ の /e/ を /u/ に交替させよ。
　　XA=/r, t, n/
c. テ形接辞 t/r 交替ルール：
語幹末分節音が Y でない動詞語幹にテ形接辞 /te/ が続く場合、テ形接辞 /te/ の /t/ を /r/ に交替させよ。
　　Y=/j, t, n/
d. テ形接辞 d/n 交替ルール：
語幹末分節音が Z でない動詞語幹にテ形接辞 /te/ が続く場合、テ形接辞 /de/ の /d/ を /n/ に交替させよ。
　　Z=/j, t/
e. 逆行同化ルール：
形態素末・単語末の子音を、その直後にある子音に、鼻音性以外の点で、同化せよ。
f. 有声性順行同化ルール：
語幹末分節音が有声音であるとき、形態素境界を挟んで直後の子音を有声音にせよ。
g. i 挿入ルール：
/t/ で始まる活用接辞が動詞語幹に付与されたとき、語幹末分節音 /s, k, g/ の直後に、/i/ を挿入せよ。

h. 音便ルール：
初頭音に [t] を持つ活用接辞が語幹に付与される際、語幹末子音及びその直前の母音が融合して、次のような音便現象を起こす。

om → oo
am → {oo, o}
aw → {oo, o}
ob → {oo, o}
ub → {uu, u}
ab → o

i. s, k, g 消去ルール：
/t/ で始まる活用接辞が動詞語幹に付与されたとき、語幹末の /i/ の直前の /s, k, g/ を消去せよ。

j. 母音融合ルール：
次の母音連続を融合せよ。

ai → {ee, e, aa}
ei → ee
oi → {ee, e, oo}

　次に、(26) の諸ルールがどのタイプの方言に適用されるかを、次の表にまとめてみる。真性テ形現象方言などと比較するために、【表 11】の左端列には、今までに挙げてきたすべての音韻ルールを挙げている。

【表11】 音韻ルールの適用

	タイプ PA	タイプ PB	タイプ PC
e 消去ルール	×	×	×
テ形接辞 e/i 交替ルール	○	×	×
テ形接辞 e/u 交替ルール	×	○	×
テ形接辞 t/r 交替ルール	×	×	○
テ形接辞 d/n 交替ルール	×	×	×
逆行同化ルール	○	○	○
単語末子音群簡略化ルール	×	×	×
単語末有声子音鼻音化ルール	×	×	×
有声性順行同化ルール	○	○	○
i 挿入ルール	○	○	○
音便ルール	○	○	○
s, k, g 消去ルール	○	○	○
母音融合ルール	○	○	○
形態素末鼻音化ルール	×	×	×

ここから分かるように、逆行同化ルール以下の諸ルールは、3タイプの方言に共通している。異なっているのは、4つのテ形接辞交替ルールのうち、どれが適用されるかという点だけである。

以上から分かるように、共通語の「テ」に相当する部分に Q/N という音声は現れない。しかし、Q/N に対応する音声は現れる。さらに、te/de も現れる。それらの分布は、動詞語幹末分節音に依存する。従って、擬似テ形現象方言は次のように定義できる。

(27) 擬似テ形現象方言の定義：
次の2つの条件 A, B を満たすとき、当該の方言を「擬似テ形現象方言」という。

A. 共通語の「テ」に相当するものとして、Q/N 相当のものが現れる場合と、te/de 相当のものが現れる場合とがある。
B. Q/N, te/de 相当のものの分布は、動詞の語幹末分節音の違いによる。

註
1 千々石町の山側の地域で聞かれるとのことである。
2 千々石町の山側の地域で聞かれるとのことである。
3 西有家町方言の場合、(3) の適用後に、次のようなルールが必要である。
　（i）t/h 交替ルール：単語末の /i/ の直前で、/t/ は /h/ と交替する。
以下、議論が煩雑になるのを避けるため、西有家町方言のルール (i) 及びその派生過程については省略する。
4 〈受けない〉という意味である。

第3章　方言タイプのまとめ

第2章では、テ形現象における方言タイプを記述してきた。本章ではそれぞれの方言タイプを総括する。
　まず動詞テ形を基準にすると、次のような、大きく4種類の方言タイプがあることが判明した。

（1）　方言タイプの分類：
　　　a.　真性テ形現象方言
　　　b.　擬似テ形現象方言
　　　c.　全体性テ形現象方言
　　　d.　非テ形現象方言

(1)の各タイプの方言は、テ形現象の観点から次のように定義される。

（2）　真性テ形現象方言の定義：
　　　次の2つの条件A, Bを満たすとき、当該の方言を「真性テ形現象方言」という。
　　　　A.　共通語の「テ」に相当するものとして、te/deの現れる場合とQ/(N)の現れる場合とがある。
　　　　B.　te/de, Q/(N)の分布は、動詞の語幹末分節音の違いによる。
（3）　非テ形現象方言の定義：
　　　次の2つの条件A, Bを満たすとき、当該の方言を「非テ形現象方言」

という。
- A. 共通語の「テ」に相当するものとして、te/de 相当のものが現れる場合しか存在しない。
- B. te/de 相当のものの分布は、動詞の語幹末分節音の違いには無関係である。

（4） 全体性テ形現象方言の定義：

次の2つの条件 A, B を満たすとき、当該の方言を「全体性テ形現象方言」という。
- A. 共通語の「テ」に相当するものとして、Q/N の現れる場合しか存在しない。
- B. Q/N の分布は、動詞の語幹末分節音の違いには無関係である。

（5） 擬似テ形現象方言の定義：

次の2つの条件 A, B を満たすとき、当該の方言を「擬似テ形現象方言」という。
- A. 共通語の「テ」に相当するものとして、Q/N 相当のものが現れる場合と、te/de 相当のものが現れる場合とがある。
- B. Q/N, te/de 相当のものの分布は、動詞の語幹末分節音の違いによる。

本章では、次に第2章で記述した各タイプの方言を、共通語の「テ」に相当する部分の音声・基底形・音韻ルールという3つの観点からすべてまとめる。そして、そこから4タイプの方言がお互いどのような関係にあるのかについて議論していく。最終的に、そこには、大局的な連続性が見られることになる。

1. 「テ」に相当する部分の音声

本節では、各タイプの方言における、共通語の「テ」に相当する部分の音声を、すべてまとめる。次に挙げる【表1】は真性テ形現象方言、【表2】は非テ形現象方言・全体性テ形現象方言・擬似テ形現象方言における音声をそれぞれまとめたものである。

【表1】「テ」に相当する部分の音声（真性テ形現象方言）

	A				B		C		D			E	F	G	
	Ab	Ac	Ad	Ae	Ba	Bb	Cb	Cc	Da	Db	Dc	Ea	Fd	Gb	Gd
w	Q	Q	Q	Q	Q	Q	Q	Q	Q	Q	Q	Q	te	te	te
b	N	N	N	N	Q	Q	N	N	Q	Q	Q	Q	de	de	de
m	N	N	N	N	Q	Q	N	N	de	de	de	de	de	de	de
s	Q	Q	Q	Q	Q	Q	te	te	Q	Q	Q	te	Q	te	te
k	Q	Q	Q	Q	Q	Q	Q	Q	Q	Q	Q	Q	te	te	te
g	N	N	N	N	Q	Q	N	N	Q	Q	Q	Q	de	de	de
r	te	te	te	te	te	te	te	te	te	te	te	te	te	te	te
t	te	te	te	te	te	te	te	te	te	te	te	te	te	te	te
n	de	de	de	de	de	de	de	de	de	de	de	de	de	de	de
i1	te	te	te	te/Q	te	te	te	te	te	te	te	te	te	te	te
i2	te	Q	te	te/Q	Q	te	Q	te	Q	te	{Q}	Q	te	te	te
e1	Q	te	te	te/Q	Q	Q	Q	Q	Q	Q	Q	Q	te	Q	Q
e2	Q	Q	Q	te/Q	Q	Q	Q	Q	Q	Q	Q	Q	Q	Q	Q
/i/~/it/	te	te	te	te	te	te	te	te	te	te	te	te	te	te	te
/ki/	te	te	te	te	te	te	te	te	te	te	te	te	te	te	te
/s/~/se/	te/Q	te/Q	te/Q	te	te	te	te	te	te	Q	te	te	te	te	te

【表2】「テ」に相当する部分の音声（非・全体性・擬似テ形現象方言）

	NA	NB	WA	PA	PB	PC
w	te	tʃi	Q	tʃi	çi	tsu	re
b	de	dʑi	Q	tʃi	çi	dzu	ne
m	de	dʑi	N	tʃi	çi	dzu	ne
s	te	tʃi	Q	tʃi	çi	tsu	re
k	te	tʃi	Q	tʃi	çi	tsu	re
g	de	dʑi	Q	tʃi	çi	dzu	ne
r	te	tʃi	Q	te	te	te	te
t	te	tʃi	Q	te	te	te	te
n	de	dʑi	N	de	-----	de	ne
i1	te	tʃi	Q	te	te	te	te
i2	te	tʃi	Q	te	te	te	-----
e1	te	tʃi	Q	te	te	tsu	re
e2	te	tʃi	Q	tʃi	çi	tsu	-----
/i/~/it/	te	tʃi	Q	te	te	te	-----
/ki/	te	tʃi	Q	te	te	te	te
/s/~/se/	te	tʃi	Q	te	te	te	te

【表1,2】に現れる音声の種類及び数をまとめると、次のようになる。

【表3】 「テ」に相当する部分の音声と種類

方言タイプ	2種類	3種類	4種類
A			Q/N/te/de
B		Q/te/de	
C			Q/N/te/de
D		Q/te/de	
E		Q/te/de	
F		Q/te/de	
G		Q/te/de	
NA	te/de		
NB	tʃi/dʒi		
WA	Q/N		
PA		tʃi(çi)/te/de	
PB			tsu/dzu/te/de
PC		re/ne/te	

【表3】から分かるように、真性テ形現象方言においては3〜4種類、非テ形現象方言及び全体性テ形現象方言においては2種類、擬似テ形現象方言においては3〜4種類の音声が、それぞれ現れている。

数の面だけから考えると、真性テ形現象方言と擬似テ形現象方言が類似していると言える。また、非テ形現象方言と全体性テ形現象方言も類似している。

2. 基底形

まず、動詞語幹の基底形は、ほとんどの方言において、体系上同じである。即ち、次のような動詞語幹を持っている。

(6) a. 子音語幹動詞：語幹末分節音は /w, b, m, s, k, g, r, t, n/ の9種類
 b. 母音語幹動詞：語幹末分節音は /i, e/ の2種類
 c. 不規則動詞：/i/~/it/〈行く〉, /ki/〈来る〉, /s/~/se/〈する〉の3語

(6c) の不規則動詞においては、〈行く〉〈する〉にそれぞれ2つの語幹があるが、どちらが使用されるかは方言ごとに異なっている。

体系上は、すべての方言が (6) のようになっているが、上甑島瀬上方言 (タイプ PC 方言) だけは事情が異なる。前述したように、瀬上方言には r 語幹動詞が存在しない。代わりに、j 語幹動詞が存在する。振る舞いは、全く同じである。従って、体系上は他方言と同じであると考えてよいだろう。

次に、テ形接辞の基底形であるが、ほぼすべての方言で /te/ を仮定できる。ただし、タイプ NB 方言では /ti/ と、タイプ WA 方言では /t/ と仮定される。

3. 音韻ルール

本節では、本書で設定したすべての音韻ルールをまとめ、それが、各タイプの方言において、どのように適用されているかを比較する。

まず、音韻ルールを次に列挙する。

(7) a. e 消去ルール：
　　　語幹末分節音が X でない動詞語幹に、テ形接辞 /te/ が続く場合、テ形接辞 /te/ の /e/ を消去せよ。

　　　XA ＝[-syl, +cor, -cont]
　　　XB ＝[-syl, +cor, -cont]
　　　XC ＝[-syl, +cor]
　　　XD ＝{[-syl, +cor, -cont], [+nas]}
　　　XE ＝{[-syl, +cor], [+nas]}
　　　XF ＝[-syl, -cont]
　　　XG ＝[-syl]

b. テ形接辞 e/i 交替ルール：
　　　語幹末分節音が XA でない動詞語幹にテ形接辞 /te/ が続く場合、テ形接辞 /te/ の /e/ を /i/ に交替させよ。

　　　XA=/r, t, n/

c. テ形接辞 e/u 交替ルール：
　　　語幹末分節音が XA でない動詞語幹にテ形接辞 /te/ が続く場合、テ形接辞 /te/ の /e/ を /u/ に交替させよ。

　　　XA=/r, t, n/

d. テ形接辞 t/r 交替ルール：
　　　語幹末分節音が Y でない動詞語幹にテ形接辞 /te/ が続く場合、テ形接辞 /te/ の /t/ を /r/ に交替させよ。

　　　Y=/j, t, n/

e. テ形接辞 d/n 交替ルール：

語幹末分節音が Z でない動詞語幹にテ形接辞 /te/ が続く場合、テ形接辞 /de/ の /d/ を /n/ に交替させよ。
　　Z=/j, t/

f. 逆行同化ルール：
形態素末・単語末の子音を、その直後にある子音に、鼻音性以外の点で、同化せよ。

g. 単語末子音群簡略化ルール：
単語末で2つの子音が連続するとき、単語末の方の子音を消去せよ。

h. 単語末有声子音鼻音化ルール：
単語末の有声子音 /g, b, m, n/ を鼻音化せよ。

i. 有声性順行同化ルール：
語幹末分節音が有声音であるとき、形態素境界を挟んで直後の子音を有声音にせよ。

j. i 挿入ルール：
/t/ で始まる活用接辞が動詞語幹に付与されたとき、語幹末分節音 /s, k, g/ の直後に、/i/ を挿入せよ。

k. 音便ルール：
初頭音に [t] を持つ活用接辞が語幹に付与される際、語幹末子音及びその直前の母音が融合して、次のような音便現象を起こす。
　　om → oo
　　am → {oo, o}
　　aw → {oo, o}
　　ob → {oo, o}
　　ub → {uu, u}
　　ab → o

l. s, k, g 消去ルール：
/t/ で始まる活用接辞が動詞語幹に付与されたとき、語幹末の /i/ の直前の /s, k, g/ を消去せよ。

m. 母音融合ルール：
次の母音連続を融合せよ。
ai → {ee, e, aa}
ei → ee
oi → {ee, e, oo}
n. 形態素末鼻音化ルール：
/t/ で始まる活用接辞が動詞語幹に付与されたとき、語幹末分節音 /b/ を鼻音化せよ。

以上14の音韻ルールが仮定されている。

まず、(7a) の e 消去ルールには方言による違いがあり、その環境を XA ～ XG で示している。(7b, c, d, e) も方言によって適用の有無が異なる。さらに、(7k, m) では、それぞれに起こる現象をまとめて書いてあるが、これも方言によって適用されたりされなかったりする。

さて次に、それぞれの音韻ルールの適用状況を【表4, 5】にまとめる。

【表4】 音韻ルールの適用（真性テ形現象方言）

	A	B	C	D	E	F	G
e 消去ルール	○	○	○	○	○	○	○
テ形接辞 e/i 交替ルール	×	×	×	×	×	×	×
テ形接辞 e/u 交替ルール	×	×	×	×	×	×	×
テ形接辞 t/r 交替ルール	×	×	×	×	×	×	×
テ形接辞 d/n 交替ルール	×	×	×	×	×	×	×
逆行同化ルール	○	○	○	○	○	○	○
単語末子音群簡略化ルール	○	○	○	○	○	○	○
有声子音鼻音化ルール	○	×	○	×	○	×	○
有声性順行同化ルール	○	○	○	○	○	○	○
i 挿入ルール	×/●	●	○	●	○	○	○
音便ルール	×	×	×	×	○	○	○
s, k, g 消去ルール	×	×	×	×	○	○	○
母音融合ルール	×	×	×	×	○	○	○
形態素末鼻音化ルール	×	×	×	×	○	×	

【表5】 音韻ルールの適用（非・全体性・擬似テ形現象方言）

	NA	NB	WA	PA	PB	PC
e消去ルール	×	×	×	×	×	×
テ形接辞 e/i 交替ルール	×	×	×	○	×	×
テ形接辞 e/u 交替ルール	×	×	×	×	○	×
テ形接辞 t/r 交替ルール	×	×	×	×	×	○
テ形接辞 d/n 交替ルール	×	×	×	×	×	○
逆行同化ルール	○	○	○	○	○	○
単語末子音群簡略化ルール	×	×	○	×	×	×
単語末有声子音鼻音化ルール	×	×	×	×	×	×
有声性順行同化ルール	○	○	×	○	○	○
i挿入ルール	○	○	○	○	○	○
音便ルール	○	○	○	○	○	○
s,k,g消去ルール	○	○	○	○	○	○
母音融合ルール	○	×	○	○	○	○
形態素末鼻音化ルール	×	×	×	×	×	×

【表4,5】を見ると分かるように、e消去ルールは真性テ形現象方言にのみ適用されている。他の方言には適用されない代わりに、擬似テ形現象方言には、それと類似した4つのテ形接辞交替ルールが適用される。

　さて、14の音韻ルールの中で、【表4,5】のe消去ルールから有声性順行同化ルールまでは、共通語の「テ」に相当する部分の音声の種類とその分布を決定する役割を果たすものである。一方、i挿入ルールから形態素末鼻音化ルールまでは、いわゆる非テ形現象を司るルールである。【表4】では、右に行くほど、非テ形現象を司るルール群がより多く適用されるようになるということが分かる。一方、【表5】では、どのタイプの方言でも、非テ形現象を司るルール群が適用されている。このことは、テ形現象と非テ形現象との関連性を物語るものであるが、これについては理論編（第4章）で詳述する。

第3部

理論編

記述編では、九州西部方言に起こるテ形現象を記述することに重点を置いてきた。
　本編では、共時的・通時的な両側面から、テ形現象を理論化することを試みる。まず、共時的問題としては言語内的問題と言語地理学的問題を取り上げる。ここでは、方言タイプの相関関係が地理的な相関関係に反映されるという"海の道"という概念を整理し、その仮説をさらに発展させることを試みる。また、通時的問題としてはテ形現象の崩壊という言語変化を捉えていく。そして、これらの問題を踏まえた上で、"海の道"仮説をさらに一般化していく。ここでは、出雲方言の母音交替現象を論じることによって、より汎用性のある"群"仮説を提出する。さらに、真性テ形現象と非テ形現象の関係を議論することによって、"棲み分け"という考え方を提唱し、今後の議論の材料とする。

第 1 章　共時的問題

本章では、言語内的問題と言語地理学的問題を取り上げる。

1. 言語内的問題

本節では、言語内的問題を扱う。

1.1. 方言タイプの関係性

本節では、記述編で詳述した方言タイプの相関関係、及び方言タイプの安定性について議論する。

1.1.1. 方言タイプの相関関係

本節では、マクロな分類である4タイプのテ形現象方言(真性テ形現象方言・非テ形現象方言・全体性テ形現象方言・擬似テ形現象方言)の相関関係を考察する。

　記述編で観察してきたように、4タイプのテ形現象には、比較できる3つの側面が存在する。第1点は、共通語の「テ」に相当する部分が、どのような音声で現れるかということであり、第2点は、その音声の基底形が、どうなっているかということである。第3点は、その音声の分布を司っているe消去ルールまたはそれに相当するルールの適用環境に、どのような条件があるかということである。これら3点に注目して、4タイプのテ形現象の属性を表にまとめると、次のようになる。

【表1】 各方言タイプの属性

	真性テ形現象方言	擬似テ形現象方言	全体性テ形現象方言	非テ形現象方言
「テ」の音声	Q/(N)/te/de	te/de 系	Q/(N)	te/de 系
「テ」の基底形	/te/ 系	/te/ 系	/t/	/te/ 系
適用環境	XA〜XG	XA, Y, Z	-----	-----

　まず、音声に関しては、真性テ形現象方言にはQ/(N)/te/deが現れる。一方、擬似テ形現象方言・非テ形現象方言にはte/de系が現れる。全体性テ形現象方言にはQ/(N)が現れるが、この点においては、全体性テ形現象方言は真性テ形現象方言に類似していると言える。

　次に、「テ」に相当する部分の基底形であるが、全体性テ形現象方言以外では/te/系の基底形が立てられる。/te/系とは、具体的には/te/, /ti/など、接辞の最初の音が/t/であるもののことである。一方、全体性テ形現象方言では/t/という基底形となる。

　最後に、e消去ルールの適用環境に関してであるが、真性テ形現象方言では、記述編(第2章1.)で記したように、Xである。Xには方言差があり、7タイプ(XA〜XG)が存在する。擬似テ形現象方言では、記述編(第2章4.)で示したように、XA, Y, Zである。XAは、真性テ形現象方言のXAと同じである。Yも、表面的にはXAとは異なるが、当該の方言における内的な役割はXAと同じである。従って、ルールの入力や出力は異なっていても、適用環境には類似性が見られるのである。一方、このような適用環境は全体性テ形現象方言・非テ形現象方言には見られない。全体性テ形現象方言・非テ形現象方言には、e消去ルールのようなルール自体が存在しないのである。

　以上から分かるように、擬似テ形現象方言は、共通語の「テ」に相当する部分に現れる音声に関しては非テ形現象方言と同じ様相を呈し、適用環境に関しては真性テ形現象方言と同じ様相を呈している。また、全体性テ形現象方言は、共通語の「テ」に相当する部分の音声に関して真性テ形現象方言と類似し、適用環境に関しては非テ形現象方言と同じ様相を呈している。従って、擬似テ形現象方言及び全体性テ形現象方言は、真性テ形現象方言と非テ

形現象方言を両極に取ったスケールの中間に位置付けられる。即ち、次のようなスケールを仮定できる。

（１）マクロな方言タイプの連続性：
共通語の「テ」に相当する部分に現れる音声の種類とその分布に関して４種類の方言タイプ（真性テ形現象方言・擬似テ形現象方言・全体性テ形現象方言・非テ形現象方言）が存在し、それらは次のような連続性を成している。

⟵—————————————————⟶
真性テ形現象方言　　擬似テ形現象方言　　非テ形現象方言
全体性テ形現象方言

(1) は一次元的に図示したものであるが、より厳密に図示すると、次のように二次元的になろう。

（２）マクロな方言タイプの連続性（ループ性）：
真性テ形現象方言 ——————————— 全体性テ形現象方言
　　　　｜　　　　　　　　　　　　　　　　｜
擬似テ形現象方言 ——————————— 非テ形現象方言

(1), (2) から分かるように、このスケールは１つの連続性を成していると考えられる。ただし、以下の議論においては、記述を視覚的に分かりやすくするために、(1) を用いる。

1.1.2. 真性テ形現象方言の下位方言タイプの相関関係

本節では、真性テ形現象方言の下位分類である、ミクロな方言タイプに見られる相関関係を考察する。

　記述編（第２章1.）で見たように、真性テ形現象方言においては、真性テ形現象の中心的なルールであるｅ消去ルールの適用環境Xに、次のような7

タイプがあることが分かった。

(3) a. タイプ A ………XA =[-syl, +cor, -cont]
    b. タイプ B ………XB =[-syl, +cor, -cont]
    c. タイプ C ………XC =[-syl, +cor]
    d. タイプ D ………XD ={[-syl, +cor, -cont], [+nas]}
    e. タイプ E ………XE ={[-syl, +cor], [+nas]}
    f. タイプ F ………XF =[-syl, -cont]
    g. タイプ G ………XG =[-syl]

さらに、(3)を注意深く観察すると、次のような2つの包含関係があることに気が付く(記号XAなどのXは省略する)。

(4) a. G: [-syl] ⊃ { F: [-syl, -cont] / C: [-syl, +cor] } ⊃ A, B: [-syl, +cor, -cont]
    b. E: {[-syl, +cor], [+nas]} ⊃ D: {[-syl, +cor, -cont], [+nas]}

(4)のような包含関係があるということは、直接包含する方言どうしは、類似度が高いということになる。ここに、連続性を見出すことができるのである。即ち、(4)の中で、左に行くほど、テ形現象が起こりにくく(e消去ルールの適用領域が絞り込まれる)、右に行くほど、テ形現象が起きやすくなる(e消去ルールの適用領域が広くなる)のである。

更に注目すべきことは、記述編(第2章1.2.3.)でも示したが、(4a)と(4b)とでは弁別素性の結びつき方が異なっているという点である。(4a)では、各弁別素性が積の集合演算で結ばれている集合が並んでいるが、(4b)では、(4a)の一部に和の集合演算によって[+nas]が付加された集合になっている。即ち、弁別素性(群)がどのような集合演算によって結びついているかによって、(4a)と(4b)は包含関係の性質が異なっていると言える。問題は、性質の異なるこれら2つの包含関係が、どのような意味を持っているのかという

ことである。これら2つの包含関係は地理的な問題と対応するが、詳細は以下の節 (2.2.) に譲る。

1.2. 方言タイプの安定性

本節では、真性テ形現象方言において最も安定性の高い方言タイプがあることを検証していく。

記述編 (第2章4.) で述べたように、擬似テ形現象方言において、共通語の「テ」に相当する部分の音声を決定する中心的なルールであるテ形接辞交替ルールの適用環境は、次のようになっている。

(5) a. テ形接辞 e/i 交替ルール (タイプ PA 方言)：
　　　語幹末分節音が XA でない動詞語幹にテ形接辞 /te/ が続く場合、テ形接辞 /te/ の /e/ を /i/ に交替させよ。
　　　　XA=/r, t, n/
　　b. テ形接辞 e/u 交替ルール (タイプ PB 方言)：
　　　語幹末分節音が XA でない動詞語幹にテ形接辞 /te/ が続く場合、テ形接辞 /te/ の /e/ を /u/ に交替させよ。
　　　　XA=/r, t, n/
　　c. テ形接辞 t/r 交替ルール (タイプ PC 方言)：
　　　語幹末分節音が Y でない動詞語幹にテ形接辞 /te/ が続く場合、テ形接辞 /te/ の /t/ を /r/ に交替させよ。
　　　　Y=/j, t, n/
　　d. テ形接辞 d/n 交替ルール (タイプ PC 方言)：
　　　語幹末分節音が Z でない動詞語幹にテ形接辞 /te/ が続く場合、テ形接辞 /de/ の /d/ を /n/ に交替させよ。
　　　　Z=/j, t/

(5) から分かるように、これらのルールの適用環境はすべてほぼ一致している。真性テ形現象方言には e 消去ルールの適用環境に包含関係があったが、

擬似テ形現象方言ではなぜ等号関係なのであろうか。しかも、この等号関係は [-syl, +cor, -cont] という集合で成り立っている。これは、真性テ形現象方言のタイプ A, B 方言の場合と同じ適用環境である。なぜ [-syl, +cor, -cont] という集合で等号関係が成立するのだろうか。他の適用環境の等号関係はなぜ現れないのだろうか。

　予測するに、[-syl, +cor, -cont] という集合は、適用環境の中で最も安定した集合であるのかもしれない。真性テ形現象が見られる地域では、適用環境 X に様々なバリエーションが見られるが、その周辺地域では、そのバリエーションがいわば"均衡(equilibrium)化"してしまって、[-syl, +cor, -cont] という集合しか見られないのではなかろうか。まとめると、次のような仮説を立てられる。

(6) "均衡化"の仮説：
　　 真性テ形現象・擬似テ形現象を引き起こす(音韻ルールの適用)環境は、[-syl, +cor, -cont] という集合で均衡化する。

以上のような考え方をしていくと、理論上興味深い仮説が立てられる。真性テ形現象を司るルールの適用環境 X の包含関係(4)を次に再掲する。

(4) a.　　G: [-syl] ⊃ { F: [-syl, -cont] / C: [-syl, +cor] } ⊃ A, B: [-syl, +cor, -cont]
　　 b.　　E: {[-syl, +cor], [+nas]} ⊃ D: {[-syl, +cor, -cont], [+nas]}

ここでは、議論を単純化するために、(4a)だけを考慮に入れるが、上記の議論からタイプ A, B が最も安定(均衡化)した集合であるとすると、包含関係において、この集合から遠い集合ほど安定していないというようには考えられないだろうか。即ち、次のように図示できる。

（7） $\quad$ G:[-syl] ⊃ $\begin{Bmatrix} \text{F: [-syl, -cont]} \\ \text{C: [-syl, +cor]} \end{Bmatrix}$ ⊃ A, B: [-syl, +cor, -cont]

←――――――――――――――――――――

　　より不安定　　　　　　　　　　　　　　　安定

(7)から分かるように、A, B から最も遠いところに位置する集合、即ち G が、最も不安定な集合ということになる。

1.3. e 消去ルールの定式化

本節では、真性テ形現象の中心的なルールである e 消去ルールの定式化について考察するとともに、このルールの本質についても議論する。

　言語や方言を記述する際に、どのような理論的な枠組みを利用するかということは重要な問題である。本書では、初期の生成音韻論の枠組みを利用した。そこでは、ルールと制約（条件）を使ったアプローチが成されている。ルールを利用するからには、その定式化に対しては、厳密でなければならないということは言うまでもないが、本書では 1 つだけ、テ形現象に特有の、しかも奇妙なルールを仮定している。それは e 消去ルールである。

　e 消去ルールは次のような定式化がされている。

（8）　e 消去ルール［随意ルール］：

　　　動詞語幹の語幹末分節音が X でない場合、テ形接辞 /te/ の /e/ を消去せよ。

　　　　X=.....

ここで問題となることは、このルールの適用環境が negative に設定されていることである。即ち、X の補集合(X^c)が e 消去ルールの適用環境となっている。従来の生成音韻論においては、一般的に補集合を適用環境に持つようなルールは仮定されない。もし従来の枠組みに従ったとすると、代わりに次のようなルールを立てることになる。

(9) e 保持ルール［随意ルール］：
動詞語幹の語幹末分節音が X の場合、テ形接辞 /te/ の /e/ は消去されない。
X=.....

(9)のように仮定すると、確かに適用環境は positive になる。しかし、(9)の定式化では、(9)がルールではなく、制約（条件）のように見えてしまう。即ち、交替(alternation)を起こすものではなくなるのである。「/e/ を消去せよ」という交替を起こさせるためには、やはり「それ以外の場合は消去せよ」という旨のコメントを(9)に付け加えるか、もう1つ別のルールを立てることになる。結局のところ、適用環境か交替かが negative になることは否めない。

以上のように考えてくると、問題は e 消去ルール自体にあるように思われる。ひょっとすると、テ形現象を司るシステムは、e 消去ルールあるいは e 保持ルールのようなルールではなく、別種のシステムなのだろうか。即ち、別の定式化が必要なのではなかろうか。

問題は、なぜ /te/ の /e/ が消去されるのかということである。例えば、タイプA方言では、適用環境が XA=[-syl, +cor, -cont] であるので、次のような局面で「e 消去」が起こらないことになる。

(10) *..... XA + t e # .....
　　　　　　　↓
　　　　　　　φ

注目すべき点は、XA の直後に /t/ が来ていることである。/t/ を弁別素性で表すと [-syl, +cor, -son] となり、XA と類似した分節音であることが分かる。つまり、XA と /t/ が類似している場合には e 消去は起こらず、類似していない場合（XA でない場合）には e 消去が起こるのである。ここで想起されるのは、McCarthy (1986) などが提唱する OCP (Obligatory Contour Principle)

という原理である。次のような定義が成されている。

(11)　OCP (Obligatory Contour Principle)：
　　　Ajacent identical elements are prohibited.

　この原理は、同一の要素が隣接するのを回避するというものである。回避する方法は様々である。もしこの OCP が (10) のような適用領域に適用されていると考えるならば、どうであろうか。2つの子音（C_1 と C_2）が連続した場合、① C_1 と C_2 が同化するか、または② C_1 と C_2 が融合するかのいずれかであろう。C_1 と C_2 が類似していれば、①のように同子音連続として残りやすいが、類似していなければ、②のように1つの子音に融合してしまう。前者の場合、同子音連続は日本語の音韻構造として可能であるので、OCP には違反しない。一方、後者の場合には OCP に違反することになるため、e 消去が起こり、次に単語末子音群簡略化ルールが適用され、1つの子音だけが残ることになる。従って、e 消去ルールは単語末子音群簡略化ルールを feeding することになる。実際 OCP の効果は単語末子音群簡略化ルールの適用によって発揮されるが、feeding という関係を考慮すると、e 消去ルールと単語末子音群簡略化ルールが共謀 (conspiracy) して、同一（類似）要素の隣接を回避していることになるだろう。

　以上のように考えてくると、e 消去ルールと単語末子音群簡略化ルールは、OCP という大原理から必然的に導き出されるルールであるのではなかろうか。

　逆に、OCP という原理から出発すると、定義 (11) の「identical」ということばの持つ曖昧性を、X が厳密に定義しているのではないかといった仮説が浮かぶ。即ち、記述編（第2章 1.）で示したように、X には7つのタイプがあるが、この7つのタイプが /t/ と同一 (identical) であると言うことができる範囲を表しているのではなかろうか。即ち、e 消去ルールと「/t/ との同一性」との間に、次のような相対的な対応関係が想定できる。

(12) 「e 消去ルール」と「/t/ との同一性」との対応関係：
　　　タイプ：　　　　A　B　C　D　E　F　G
　　　e 消去ルール：広 ←――――― 適用領域 ―――――→ 狭
　　　同一性：　　　高 ←―――――――――――――――→ 低

　(12)から分かるように、e 消去ルールの適用領域は、右に行くほど、即ちタイプ G 方言の方に行くほど、狭くなる。それに対応して、右に行くほど、/t/ との同一性が低くなる。即ち、X が /t/ とは類似しなくなる（より異なってくる）と考えられる。/t/ とはあまり類似していない分節音までも、/t/ と同一だとみなすようになる。例えば、テ形接辞 /te/ の /t/ と最も同一性が高い分節音は、言うまでもなく /t/ である。しかし、X=/t/ である方言タイプは発見されていない。タイプ A 方言の XA=[-syl, +cor, -cont] (/r, t, n/) はこれ (X=/t/) よりは /t/ との同一性が低い。なぜなら、XA には /t/ の他にも /r, n/ が含まれているからである。しかし、他の方言タイプよりは /t/ との同一性が高い。従って、右に行くほど、X に含まれる分節音の数が多くなり、それゆえ /t/ とはあまり同一でない（類似していない）分節音までも含まれてくるのである。OCP の定義(11)に照らすと、左に行くほど OCP が発動しやすく、右に行くほど発動しにくい。OCP が発動しやすくなると、identical な要素の隣接を回避するために e 消去が適用されやすくなる。従って、e 消去ルールの適用領域が広くなるのである。

　以上のように考えてくると、e 消去ルールは OCP に組み込むことができるようである。e 消去ルールはかなり不自然なルールであるが、それをより自然で一般性のある OCP という原理に還元できるのである。ただし、OCP という原理の定義自体が(11)のように曖昧であるため、他の言語や方言でどの程度有効であるかを見極める必要があるだろう。

　一方、テ形現象の本質が e 消去ルール等で表される OCP 原理にあるのではなく、テ形という場における 9 種の語幹末子音の分割の問題として捉えるという考え方もできる。この考え方では、X は e 消去ルールという単に 1 つのルールの適用環境ではない。本書では、最終的にこの考え方を一般化し、

"棲み分け" という概念を提唱する。詳細は理論編（第 4 章）に譲る。

2. 言語地理学的問題

本節では、記述編（第2章）で記述してきた様々なタイプの方言に地理的な関連性はないかという言語地理学的な問題を扱う。

2.1. 全体的な言語（方言）地図

本節では、九州西部地域におけるテ形現象の全体像を言語地理学的な観点から考察する。

　まず、様々な方言タイプを記号化して、地図上にプロットして、言語（方言）地図（linguistic atlas）を描くと、【図1】〜【図3】のようになる。ただし、記述編（第2章）でデータを挙げていない方言についてもプロットしている。

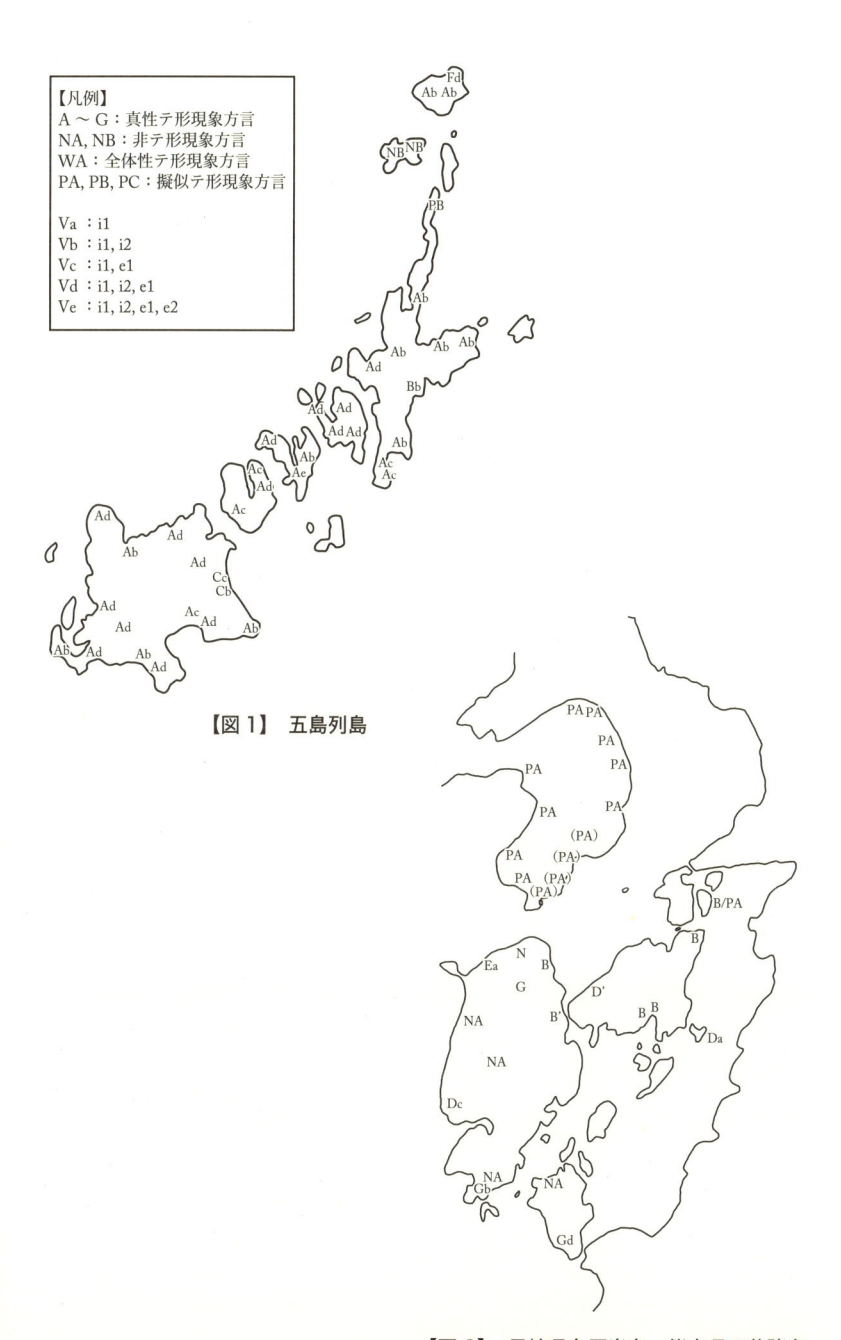

【凡例】
A～G：真性テ形現象方言
NA, NB：非テ形現象方言
WA：全体性テ形現象方言
PA, PB, PC：擬似テ形現象方言

Va : i1
Vb : i1, i2
Vc : i1, e1
Vd : i1, i2, e1
Ve : i1, i2, e1, e2

【図1】 五島列島

【図2】 長崎県島原半島・熊本県天草諸島

【図3】 鹿児島県

【図1】は長崎県五島列島、【図2】は長崎県島原半島及び熊本県天草諸島、【図3】は鹿児島県の言語地図である。これらの言語地図から分かることは、以下の通りである。

　まず、長崎県五島列島は、ほぼ全域が真性テ形現象方言のタイプA方言であることが分かる。その中でも、五島市（旧福江市）の中心地である、中央町や丸木はタイプC方言である。江戸時代のいわゆる"家中ことば"という歴史的な名残かもしれない（cf. 郡家真一（1976）など）。ただし、古瀬順一（1983: 180）における五島列島諸方言の分類では、丸木方言が"家中方言"とは別の分類になっている。また、中通島の北部、津和崎には擬似テ形現象が現れている。小値賀島は非テ形現象方言である。歴史的には、津和崎も小値賀島も旧平戸藩であったことが影響しているのかもしれない。津和崎方言が、北の小値賀島の非テ形現象方言と、南の真性テ形現象方言に挟まれて、擬似テ形現象方言であることは、地理的にも興味深い。

一方、島原半島及び天草地域には、タイプＡ方言は全く現れず、他のタイプが現れている。即ち、本渡市を中心とした天草下島北東部・天草上島一帯にはタイプＢ方言が現れている。天草下島中西部・天草上島東南端部・天草上島西部及び鹿児島薩摩半島南端には、タイプＤ方言が現れている。また、天草下島南端及び鹿児島長島及び鹿児島川内には、タイプＧ方言が現れている。天草下島には非テ形現象方言も数地点で見られるため、真性テ形現象が急速に消滅しつつあるのかもしれない。擬似テ形現象方言は、天草地域を挟むようにして、北は島原半島、南は上甑島に見られる。全体性テ形現象方言は、鹿児島薩摩半島南部に集中している。いずれにしても、五島列島と比較して、調査地点が密ではないので、各タイプの方言圏を明確に決定することができない。

以上の観察をもとにして、各方言タイプの方言圏を地図上に示していくと、おおよそ次の【図4】のようになる。

【凡例】
A〜G：真性テ形現象方言
P：擬似テ形現象方言
W：全体性テ形現象方言

【図4】　各方言タイプの方言圏

【図4】から分かるように、真性テ形現象方言は五島列島から天草諸島（そして、薩摩半島）まで繋がって分布している。即ち、海を渡って、方言の道が繋がっていることになる。真性テ形現象という同じ現象を持つ方言圏どうしを結ぶ線を"言語（方言）の道"と呼ぶならば、五島列島と天草諸島を結ぶ道は"海の道"と呼ぶことができるだろう。さらに、この"海の道"を挟んで、擬似テ形現象方言が南北に位置している。以上の状況は、【図5】の模式図によって表すことができよう。

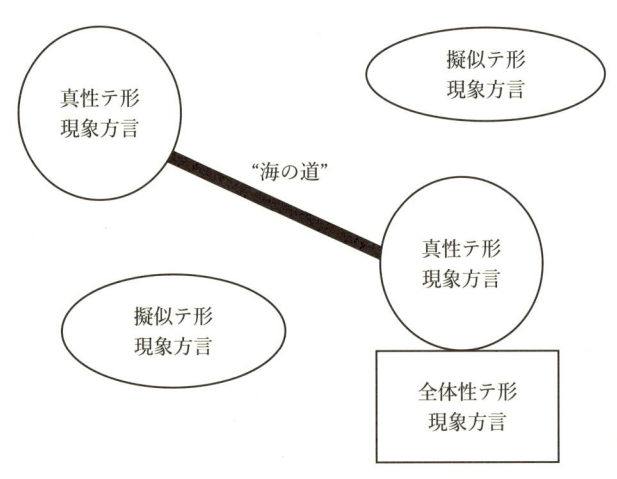

【図5】　テ形現象の地理的分布（模式図）

しかし、島など地形が複雑であること、あるいは旧藩制度などの歴史的な名残などが存在することによって、厳密には【図5】のようにすっきりしていないが、九州西部方言のテ形現象に関する全体像はこれで表されていると考えられる。

2.2. 真性テ形現象方言における"海の道"

本節では、真性テ形現象方言における下位の方言タイプが地理的にも連続性を成すことを述べる。そして、その連続性を表す"海の道"仮説という考え方を提唱する。

理論編（第1章 1.1.2.）で記述したように、真性テ形現象方言の7種類の方言タイプには、それぞれが持つ e 消去ルールの適用環境に、次のような包含関係が観察された。

(1) a. G: [-syl] ⊃ { F: [-syl, -cont] / C: [-syl, +cor] } ⊃ A, B: [-syl, +cor, -cont]

b. E: {[-syl, +cor], [+nas]} ⊃ D: {[-syl, +cor, -cont], [+nas]}

この包含関係に地域名を当てはめると、次のようになる。

(2) a. G　　　　　　　 F
　　　天草南部・　 ⊃ 五島列島（野方）　 ⊃ A, B
　　　鹿児島北西部　 C　　　　　　　　　 五島列島（旧福江市以外）・
　　　　　　　　　　 五島列島（旧福江市） 天草上島・天草下島北東部

b. E　　　　　　　 D
　　　天草（坂瀬川）⊃ 天草中部・鹿児島薩摩半島南端

　一方、これらの方言タイプの地理的な分布は、【図6】のようになっている。【図6】は、【図4】を簡略化し、また後の議論のために【図4】に太線と細線を付け加えたものである。

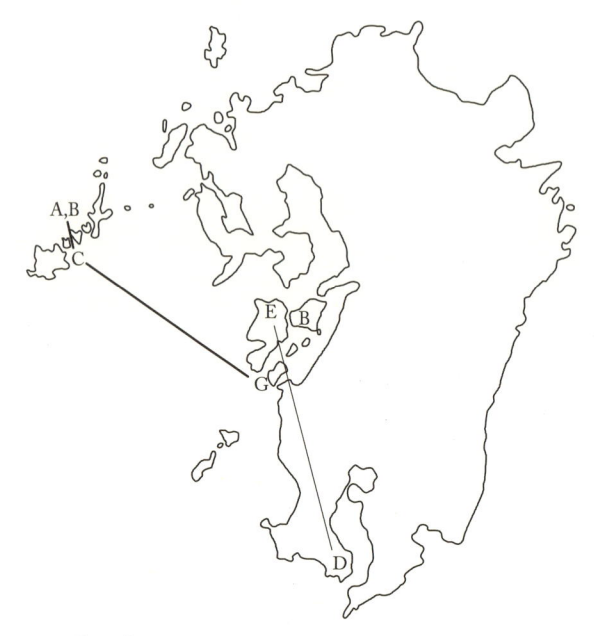

【図6】 真性テ形現象方言の"海の道"(2ルート)

　(2)と【図6】を比較して分かることは、以下の通りである。まず、積の集合演算によって形成されている(1a),(2a)では、包含関係と地理関係に関連性があることが分かる。即ち、天草南部(G)から五島列島(A, B, C)へと繋がる様子がはっきりと分かる(【図6】太線部参照)。このことから、ルールの適用環境の包含関係が"海の道"を作り出していると言えよう。[1]

　次に、和の集合演算を含む(1b),(2b)では、(1a),(2a)とは別の"海の道"を形成している。[2] しかも、【図6】から分かるように、(1b),(2b)の"海の道"【細線部】は、(1a),(2a)の"海の道"【太線部】よりも地理的に東側に隣接する。このような地理的な位置を考慮して、前者を「東ルート」、後者を「西ルート」と呼ぶことにする。ただし、天草下島のタイプE方言も、薩摩半島南端のタイプD方言も、それぞれ1方言しか見つかっていないので、東ルートとして設定するに足る証拠にはなっていない。従って、東ルートはあくまでも暫定的なものである。

データ不足により確定できない点は多々あるが、以上の議論をまとめると、次のようになる。

（3）真性テ形現象に関する連続性：
　　　真性テ形現象を司る中心的なルールであるｅ消去ルールの適用環境が包含関係を示しており、それが地理的な連続性と密接に関連する。

真性テ形現象を持つ３つの方言圏、即ち五島列島という方言圏と天草諸島という方言圏、そして薩摩半島南部という方言圏とを繋いでいるものが"海の道"であり、それによって真性テ形現象の連続性が支えられている。真性テ形現象を持つ方言圏を繋いでいるルートは２本存在する。この主旨の仮説を、ここでは「"海の道"仮説」と呼んでおく。

さて、西ルートにはｅ消去ルールの適用環境Ｘの包含関係が反映される地理的な連続性が見られるが、東ルートにはそのようなものは見られないのだろうか。東ルートの包含関係(1b)を見ると、西ルートの包含関係(1a)に[+nas]が付加されて形成されたものであることが分かる。そうすると、(1a)の各方言の集合すべてにそれぞれ[+nas]を和演算していくと、どのようになるのだろうか。(1b)は次のようになろう。

（4）　　G　　　　　　　E　　　　　　　　D
　　　{[-syl], [+nas]} ⊃ {[-syl, +cor], [+nas]} ⊃ {[-syl, +cor, -cont], [+nas]}

(4)では、(1b)に１つの集合が加わっている。加わった左端の{[-syl], [+nas]}は、タイプＧと同じ集合となる。新しい形成過程によって[+nas]が加わって形成された方言タイプは、どのタイプもすでに存在していることになる。
　ここで、(4)より２つのことが言えよう。１つは、西ルートと同様に考えると、東ルートにも(4)のような連続性が存在することになるということである。さらに言えば、西ルートが A/B ― C/F ― G と繋げることができ、東ルートが G ― E ― D と繋げることができるならば、両者を繋げて、１本のルートに

することできるだろう。即ち、A/B—C/F—G—E—Dというルートである。図式化すると、おおよそ【図 7】のようになる。

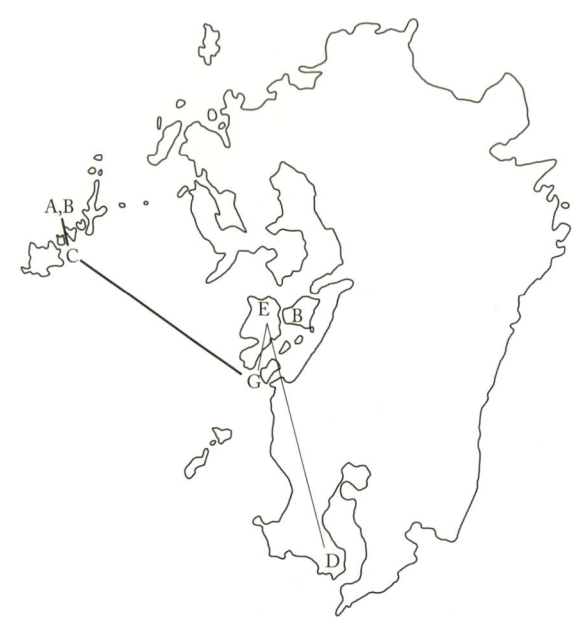

【図 7】 真性テ形現象方言の"海の道"（一本化）

【図 7】から分かるように、西ルートと東ルートを結ぶことによって、7 つの方言タイプが 1 本の"海の道"で繋がることになるのである。

ここで気になることは、方言タイプの安定性（理論編第 1 章 1.2.）との関連である。この問題においては、真性テ形現象方言の中でタイプ G 方言が最も不安定であると仮定した。西ルートと東ルートを一本化すると、新しく形成された東ルートは最も不安定な G と繋がっていることになる。逆に言えば、最も不安定な G と繋がっているから、東ルートでは新たな変化が起きやすく、東ルート自体も新しい変化によって形成されたと考えられないだろうか。このように考えると、東ルートの地理的な分布と方言タイプの安定性とは密接な関連があることになる。即ち、1 本に繋がった"海の道"にお

いて、地理的に北側が安定しており、南下するほど不安定になるのである。ただし、天草諸島及び薩摩半島(鹿児島県西部)に関しては、調査地点の密度が低いので、以上の議論は、現時点では仮説にとどめておくしかない(詳細な議論については理論編(第 2 章 4.)を見られたい)。新たなタイプの方言の発見が待たれる。

2.3. 擬似テ形現象方言の位置付け

真性テ形現象方言については、東ルート上の方言に関して新発見が望まれるものの、おおよその内容は明らかになりつつある。しかし、擬似テ形現象方言に関しては、現時点までに発見された方言の数も少ないため、その位置付けも明確にはなっていない。記述編(第 2 章 4.)でも述べたように、擬似テ形現象方言の発見は島原半島では多いものの、その他の地域ではあまり見つかっていない。しかし、少数ながらもそれらの方言の地理的な位置関係を観察したとき、興味深い問題が持ち上がってくる。

【図 8】に、擬似テ形現象方言の地理的位置を記号■で示してみる。島原半島では 13 地点に現れているが、【図 8】上では■を適度に並べておく。

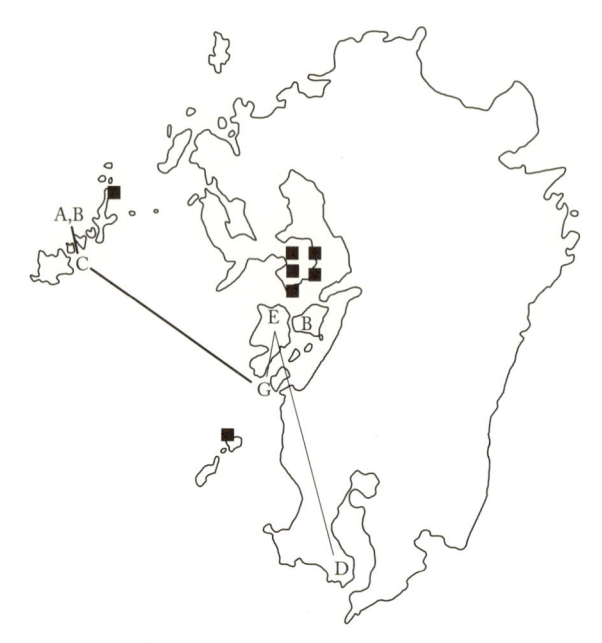

【図8】 擬似テ形現象方言の地理的分布

　これらの地域間に地理的な連続性のようなものがあるかと言うと、真性テ形現象方言に見られたような連続性は見られない。ただ、理論編（第1章1.1.1.）でも述べたように、地理的な分布を観察すると、真性テ形現象方言の地理的な連続性、即ち"海の道"の南北に隣接する地域に、擬似テ形現象方言が位置していることが分かる。このことは、共時的にはいわゆる「周圏分布」を表しており、通時的には真性テ形現象の崩壊を意味していると考えられる。前者については次節（2.4.）で、後者については次章（第2章）で議論することにする。

2.4. 方言圏の内部構造

本節では、今までに立ててきた"海の道"仮説を整理し、テ形現象が見られる方言圏の内部構造について述べる。
　まず、方言圏どうしを繋ぐ"海の道"という概念を設定することによって

提出してきた様々な仮説を、次にまとめて挙げてみる。

(5) a. マクロな方言タイプの連続性：
共通語の「テ」に相当する部分に現れる音声の種類とその分布に関して4種類の方言タイプ（真性テ形現象方言・擬似テ形現象方言・全体性テ形現象方言・非テ形現象方言）が存在し、それらは次のような連続性を成している。

⟵──────────────────────⟶
真性テ形現象方言　　擬似テ形現象方言　　　非テ形現象方言
　　　　　　　全体性テ形現象方言

b. "均衡化"の仮説：
真性テ形現象・擬似テ形現象を引き起こす（音韻ルールの適用）環境は、[-syl, +cor, -cont] という集合で均衡化する。

c. 真性テ形現象に関する連続性：
真性テ形現象を司る中心的なルールであるe消去ルールの適用環境が包含関係を示しており、それが地理的な連続性と密接に関連する。

これらの仮説は共時的問題に関するものであるが、次章で議論する通時的問題に関するものも含め、総称として"海の道"仮説と呼んでいる。本章（第1章）での最も重要な主張は、「ある方言群に独特の現象が観察された場合、その現象を記述したルールどうしを比較することによって、各方言が持つルール間の関係が、方言間の関係を反映する」というものである。本章では、e消去ルールなどの適用環境に見られる包含関係が、方言間の類似性を反映しており、ひいては地理的な"海の道"によって支えられる関係にまで発展するものであった。

次に、"海の道"仮説が表現する、いわばテ形現象の世界の内部構造はどのようなものであろうか。テ形現象の世界全体を、【図9】のように図式化する。

```
                真性テ形現象方言
         A/B
          C

                   E
            G
                       D

                擬似テ形現象方言
```

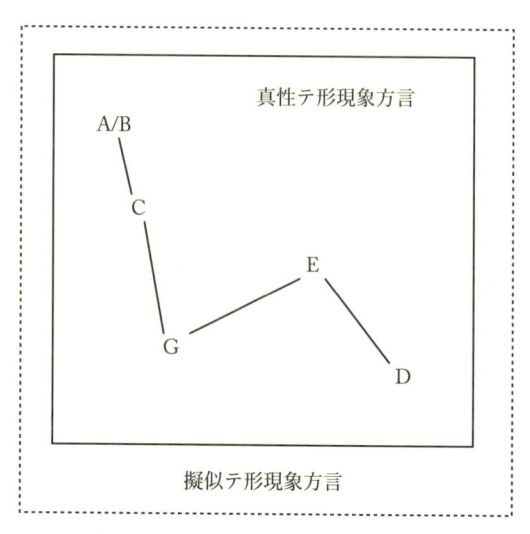

　　　　非テ形現象方言・全体性テ形現象方言
　　　　　【図9】　テ形現象の内部構造

【図9】から分かるように、まず、中心に真性テ形現象方言のエリアが存在する。そこでは、A/B, C がそれぞれ方言圏を成している。具体的には、五島列島・天草中央部諸方言が相当する。また、G, E, D もそれぞれ方言圏を形成している。具体的には、天草諸島や薩摩半島の諸方言が相当する。これらの方言圏は、互いに海を渡る道によって結びついている。即ち、1本の"海の道"によって連結している。言い換えれば、"海の道"で繋がれることによって、大方言圏を形成している。これが真性テ形現象方言である。そして、"海の道"によって支えられるこの大方言圏が、いわゆる"強文化圏"となっている。真性テ形現象方言という大方言圏を中心として、同心円上に（ここでは南北に）擬似テ形現象方言が分布する。そして、さらにその外側に、非テ形現象方言や全体性テ形現象方言が位置する。つまり、"テ形現象世界"は、真性テ形現象方言、即ち"海の道"を中心とした周圏分布を形成している。

　従来の言語地理学では、"強文化圏"を次のように定義している。

（6）"強文化圏"の定義（中本正智（1990: 47））:
　　　強文化圏とは文化の影響源になる有機的にまとまった圏内をいう。これはかならずしも文化、政治の中心地に限らず、物の生産地であることもあり、物の移入元であることもある。語が波及した源の文化的にまとまった圏内をいう。

　言語地理学は本来単語・語彙といった表面的・個別的な項目をターゲットとした研究分野であるので、(6)の定義も、単語・語彙を意識したものとなっている。本書で扱った対象は、単語ではなく文法（音韻）現象であるが、もし"海の道"のような収束力のある仮構物を"強文化圏"として捉えることができるならば、言語地理学のターゲットがさらに拡大する可能性があることになる。その場合には、言うまでもなく、"強文化圏"の定義をより厳密に規定する必要があろう。

　さらには、言語的な情報以外の証拠を見つけることも必要となってくるだろう。九州西部の海域では、長い年月にわたって、海上交易が行われてきた（cf. 瀬野精一郎ほか（1998）, 松本寿三郎ほか（1999）, 原口泉ほか（1999））。従って、その情報をもとに、言語の流れを裏付けることも可能であろう。しかし、本書では、言語・方言はかなり自律性の高いものであるので、社会的な要因がどの程度テ形現象などに関連するのか不明であること、及び言語情報による厳密な記述がまず必要であるという方法論上の立場から、言語以外の情報は現時点では保留しておく。

註
1　厳密には、天草のBとも繋げないといけないが、煩雑になるため省略する。
2　(1b)のルートは、橋が架かっているので、もはや"海の道"とは言えないかもしれないが、橋が架かる以前には船による交易が盛んであったことを考慮すると、"海の道"と呼んでも差し支えないと考える。

第2章　通時的問題

本章では、テ形現象における通時的な問題を議論する。

1. 真性テ形現象の崩壊（非テ形現象化）

本節では、真性テ形現象がタイプA, B方言で安定するという一方で、その周辺地域では真性テ形現象が崩壊しつつあるという事実を示す。真性テ形現象が崩壊する、失われることを「非テ形現象化」と呼ぶ。その証拠としては、次のような項目が見られる。

(１)a.　新たな方言タイプの発見
　　b.　擬似テ形現象の兆し
　　c.　真性テ形現象の名残
　　d.　音節数条件

以下、これらの項目を順に観察していく。

1.1. 新たな方言タイプの発見
本節では、新たな方言タイプである熊本県上天草市（旧天草郡）大矢野町維和方言のテ形現象を観察する。【表1】にテ形のデータを挙げる。

【表1】 維和方言データ

語幹	大矢野町維和		
/kaw/〈買う〉	koːtekita	kokkita	koːtʃikita
/tob/〈飛ぶ〉		tokkita	toːtʃikita
/jom/〈読む〉	jondekita	jokkita *joŋkita	joːtʃikita *joːdʒikita
/kas/〈貸す〉	kaʃitekita	kjakkita	kjaːtʃikita
/kak/〈書く〉	kaitekita	kjakkita	kjaːtʃikita
/oeg/〈泳ぐ〉		oekkita	oeːtʃikita
/tor/〈取る〉	tottekita	*tokkita	*tottʃikita
/kat/〈勝つ〉	kattekita	*kakkita	*kattʃikita
/sin/〈死ぬ〉	ʃindemiro	*ʃimmiro	*ʃindʒimiro
/mi/〈見る〉	mitekita *mittekita	*mikkita	*mitʃikita
/oki/〈起きる〉	okittekita	*okikkita	*okitʃikita
/de/〈出る〉	detekita	dekkita	detʃikita
/uke/〈受ける〉	uketekita	ukekkita	uketʃikita
/i/〜/it/〜/itate/〈行く〉	itekita ittekita	itakkita	*ittʃikita
/ki/〈来る〉	kitemiro	*kiʔmiro	ʔkitʃimiro
/s/〈する〉	ʃitekita	*ʃikkita *sekkita	*ʃitʃikita

【表1】から分かるように、音声的には、「テ」に相当する部分に促音が現れる形式、及び [tʃi] が現れる形式の2種類が見られる。

まず、促音が現れる形式の適格性は動詞の種類によって異なり、次のような分布となっている。

（2）a. 「テ」に相当する部分に促音が現れる形は、その動詞の語幹末分節音が /w, b, m, s, k, g, e1, e2/ のときである。

b. 「テ」に相当する部分に [te] や [de] が現れる形は、その動詞の語幹

末分節音が /r, t, n, i1, i2/ 及び不規則動詞のときである。

(2)から分かるように、維和方言は真性テ形現象方言のタイプB方言である。従って、e消去ルールの適用環境は X=[-syl, +cor, -cont] である。

次に、[tʃi] が現れる形式であるが、この適格性の分布は次のようになる。

(3) a. 「テ」に相当する部分に [tʃi] が現れる形は、その動詞の語幹末分節音が /w, b, m, s, k, g, e1, e2/ のときである。
   b. 「テ」に相当する部分に [tʃi] が現れない形は、その動詞の語幹末分節音が /r, t, n, i1, i2/ 及び不規則動詞のときである。

(3)を見ると分かるように、「テ」に相当する部分に [tʃi] が現れるか現れないかの適格性の分布が、(2)の分布と同じなのである。即ち、擬似テ形現象方言である。

ここで注目すべきことは、擬似テ形現象方言が新たに見つかったということだけではない。維和方言の中に、真性テ形現象と擬似テ形現象が"共生"しているという点も新発見なのである。他の擬似テ形現象方言では、擬似テ形現象のみ存在し、真性テ形現象は同時には存在していない。このような共生タイプの存在は何を意味しているのだろうか。維和方言は、地理的には天草方言圏の東端にあると考えられる。西(天草方言圏)にある真性テ形現象と東(熊本市方言圏)にある非テ形現象に挟まれ、擬似テ形現象が発生し、その擬似テ形現象と真性テ形現象が重なる部分に維和方言が位置していると考えられる。このように考えると、この共生タイプは、真性テ形現象の崩壊という言語変化の中間段階にあると位置付けられる。

1.2. 擬似テ形現象の兆し

本節では、真性テ形現象の中に、擬似テ形現象の兆しが見られる方言を観察する。

長崎県五島市(旧南松浦郡)岐宿町方言・長崎県五島市(旧福江市)野々切

方言のデータをそれぞれ【表2】【表3】にあげる。t/d 欄には、共通語の「テ」に相当する部分に [te], [de] などが現れる形を載せている。Q/N 欄には、促音や撥音が現れる形を載せている。

【表2】 岐宿町方言データ

語幹基底形	t/d	Q/N	意味
/kaw/〈買う〉		kokkita	買ってきた
/orab/〈叫ぶ〉		*oraŋkita oroŋkita *oruŋkita	叫んできた
/jom/〈読む〉		joŋkita	読んできた
/kas/〈貸す〉		kjakkita	貸してきた
/kak/〈書く〉		kjakkita	書いてきた
/ojog/〈泳ぐ〉		ojoŋkita ojeŋkita	泳いできた
/tor/〈取る〉	tottekita	*tokkita	取ってきた
/kat/〈勝つ〉	kattekita	*kakkita	勝ってきた
/sin/〈死ぬ〉	ʃindemiroka	*ʃimmiroka	死んでみようか
/mi/〈見る〉	mitekita mitʃekita	*mikkita	見てきた
/oki/〈起きる〉	okitekita	*okikkita	起きてきた
/de/〈出る〉	detekita *detʃekita	*dekkita	出てきた
/uke/〈受ける〉		ukekkita	受けてきた
/i(t)/〈行く〉	itʃekita	*ikkita	行ってきた
/ki/〈来る〉	kitʃemire:	*kiʔmire:	来てみろ
/s/〈する〉	ʃitekita ʃitʃekita *setekita	*ʃikkita *sekkita	してきた

【表3】 野々切方言データ

語幹基底形	t/d	Q/N	意味
/kaw/〈買う〉		kokkita	買ってきた
/orab/〈叫ぶ〉		*oraŋkita oroŋkita *oruŋkita	叫んできた
/jom/〈読む〉		joŋkita	読んできた
/kas/〈貸す〉		kjakkita	貸してきた
/kak/〈書く〉		kjakkita	書いてきた
/ojog/〈泳ぐ〉		*ojoŋkita ojeŋkita	泳いできた
/tor/〈取る〉	tottekita tottʃikita	*tokkita	取ってきた
/kat/〈勝つ〉	kattekita kattʃikita	*kakkita	勝ってきた
/sin/〈死ぬ〉	ʃindemiroka	*ʃimmiroka	死んでみようか
/mi/〈見る〉	mitekita mitʃikita	*mikkita	見てきた
/oki/〈起きる〉		okikkita	起きてきた
/de/〈出る〉	detekita detʃekita	*dekkita	出てきた
/uke/〈受ける〉		ukekkita	受けてきた
/i(t)/〈行く〉	itekita	*ikkita	行ってきた
/ki/〈来る〉	kitemiranna	kiʔmiranna	来てみないか
/s(e)/〈する〉	ʃitekita ʔsetekita	*ʃikkita ʃekkita	してきた

　本書での分析では、岐宿方言はタイプ Ad 方言、野々切方言はタイプ Ac 方言にそれぞれ属している。いずれも真性テ形現象方言である。
　【表2, 3】の音声形のうち、t/d 欄に注目されたい。まず、【表2】の岐宿町方言では、〈見る〉〈行く〉〈来る〉〈する〉において、共通語の「テ」に相当する部分に [tʃe] が現れる形が存在する。さらに興味深いことは、〈出る〉の

場合 *[detʃekita] が不適格になっていることである。以上の事実から、共通語の「テ」に相当する部分に [tʃe] が現れるか否かは、動詞の種類によるのかもしれない。即ち擬似テ形現象方言の可能性が出てきたのである。

同様に、【表3】の野々切方言にも擬似テ形現象のようなものが見られる。ここでは、まず〈取る〉〈勝つ〉〈見る〉において、共通語の「テ」に相当する部分に [tʃi] が現れる形が観察され、さらに〈出る〉には [tʃe] が現れる形が観察されている。もし [tʃi] と [tʃe] の現れ方に動詞の種類の違いが関連しているとしたら、野々切方言は擬似テ形現象方言であるということになる。

ただし、両方言とも、促音や撥音も現れているので、基本的には真性テ形現象方言である。しかし、擬似テ形現象の兆しが見られるのである。真性テ形現象を残しつつ、擬似テ形現象に移行する中間段階にあるのかもしれない。はたまた、真性テ形現象と擬似テ形現象の共生タイプかもしれない。地理的に岐宿と野々切は近いので、このような中間段階が近接地域でまとまって芽生えている可能性は大きい。

1.3. 真性テ形現象の名残

前節で示したことは、真性テ形現象の中に擬似テ形現象の兆しが見られるというものであった。即ち、非テ形現象化への言語変化の兆候であった。本節では、逆に、非テ形現象方言の中に、真性テ形現象が優勢である（優勢であった）痕跡が残っている場合を観察する。

例えば、非テ形現象方言（タイプ NA 方言）に属する福連木方言では、1音節語幹 /kak/〈書く〉のテ形 *[kjakkita]〈書いてきた〉は不適格であるが（[kjaːtekita] が適格）、2音節語幹 /omek/〈叫ぶ〉のテ形 [omekkita]〈叫んできた〉は適格である。福連木方言のテ形の動態がどのようなものであるのか不明であるが、近隣の方言から類推すると、かつては真性テ形現象方言（タイプ D か G か）であったが、非テ形現象化によって、非テ形現象方言に変化してしまったのではなかろうか。そして、真性テ形現象方言の痕跡が、k 語幹動詞の一部にのみ残っているのではないだろうかと推測される。

1.4. 音節数条件

本節では、動詞語幹の音節数がテ形の適格性に関わるという事実を示すとともに、それが非テ形現象化という言語変化の現れであることを述べる。

真性テ形現象方言の中でいわゆる"亜種"と呼んでいた、音節数条件が関わる方言タイプがある。9種の語幹末分節音の中でどの1音節語幹に音節数条件が適用されるかということについては、様々な場合がある。

まず、s語幹動詞に音節数条件が関わる方言がある。それは、タイプA'b方言に属する黒瀬・船廻・青方・岩瀬浦方言、及びタイプA'd方言に属する籠淵・若松・上ノ平方言である。これらの方言においては、s語幹動詞の語幹が1音節であるか、2音節以上であるかによって、適格性の判断が次の表のように異なる。

【表4】 s語幹動詞の分布

タイプ		1音節の語幹の場合	2音節以上の語幹の場合
A'b	黒瀬方言	!kjakkita〈貸してきた〉	korokkita〈殺してきた〉
A'b	船廻方言	?kakkita kaʃitekita〈貸してきた〉	*hadzukkita hadʑikkita〈外してきた〉
A'b	青方方言	*kakkita kaʃitekita〈貸してきた〉	hanakkita〈話してきた〉
A'b	岩瀬浦方言	!kakkita〈貸してきた〉	korokkita〈殺してきた〉
A'd	籠淵方言	*kakkita kaçitekita〈貸してきた〉	hadzukkita %hadʑikkita〈外してきた〉
A'd	若松方言	*kakkita kaʃitekita〈貸してきた〉	hanakkita〈話してきた〉
A'd	上ノ平方言	*kakkita kaçitekita〈貸してきた〉	*hadzukkita hadʑikkita〈外してきた〉

【表4】から分かるように、いずれの方言においても、1音節語幹の場合は、共通語の「テ」に相当する部分が促音で現れる形式は不適格であり、2音節以上の語幹の場合はその形式が適格となっている。記述編（第2章1.1.1.1.）

では、この事実を記述するために、次のような「音節数条件」を仮定した。

（４）　音節数条件：１音節語幹の場合は排除される。

テ形現象を記述する上では、このようなフィルター（filter）を仮定することで十分かもしれないが、音節数条件の本質は何であろうか。理論編（第２章1.2.）において、岐宿方言・野々切方言が「真性テ形現象方言と擬似テ形現象方言の中間段階に位置する」のではないかという問題を議論した。この問題を、「テ形現象方言から擬似テ形現象方言へ移行する中間段階にある」といった動態の問題であるとすると、【表４】に起こっている問題も動態の問題と考えられるようである。即ち、【表４】に挙げた７方言においては、「タイプＡ方言からタイプＣ方言への移行が進んでいる」のではなかろうか。ただ、タイプＣ方言のように、s語幹動詞であれば必ず [te] が現れるという段階ではなく、s語幹動詞の中の一部、即ち１音節語幹を持つ動詞だけに [te] が現れるという段階にあるのである。従って、前述の７方言は、将来的にはタイプＣ方言へと移行してしまうのではないかという予測が立てられる。

次に、g語幹動詞に音節数条件が適用される方言として、天草市（旧天草郡）有明町島子方言（タイプＤ'a方言）がある。記述編（第２章1.1.4.）で記述したように、g語幹動詞において、*[kekkita]〈漕いできた〉は不適格であるが、[isekkita]〈急いできた〉, [oekkita]〈泳いできた〉は適格である。

以上の方言よりもさらに変化が進行しているのは、タイプＥ方言に属する坂瀬川方言である。この方言では、s語幹動詞だけでなく、b語幹動詞にも音節数条件がかかっている。【表５】を見られたい。

【表5】 坂瀬川方言の b, s 語幹動詞の分布

	1音節の語幹の場合	2音節以上の語幹の場合
b語幹動詞	*toŋkita to:dekita〈飛んできた〉	kakokke:〈運んでこい〉
s語幹動詞	*kakkita ke:tekita〈貸してきた〉	okekkita〈起こしてきた〉

　記述編(第2章1.1.5.1.)でも述べたが、もし音節数条件を認定するとすれば、坂瀬川方言はタイプD方言ということになる。しかし、タイプE方言に属する方言が坂瀬川方言しかないこと、さらに坂瀬川方言の音節数条件に関する調査が不十分であることから、現時点では坂瀬川方言をこのままタイプE方言として捉え、"亜種"とは考えないことにする。ただ、"亜種"と考えると、坂瀬川方言はタイプA'b, A'd, D'a方言よりもさらに非テ形現象が入り込んできているということになろう。

　以上のように、"亜種"(音節数条件が関わる方言タイプ)の存在は、通時的に真性テ形現象が崩壊していることを示唆するものである。

2. 方言タイプの新旧

本節では、真性テ形現象方言における方言タイプの新旧について議論する。
　前述（理論編第1章1.2.）のように、真性テ形現象・擬似テ形現象におけるe消去ルールの適用環境は [-syl, +cor, -cont] で最も安定するという仮説を設定した。次に再掲する。

（1）"均衡化"の仮説：
　　　真性テ形現象・擬似テ形現象を引き起こす（音韻ルールの適用）環境は、[-syl, +cor, -cont] という集合で均衡化する。

これによって、安定化のスケールは次のようになった。

（2）a.　G: [-syl] ⊃ { F: [-syl, -cont] / C: [-syl, +cor] } ⊃ A, B: [-syl, +cor, -cont]

　　　　←────────────────────────────
　　　　　　より不安定　　　　　　　　　　　　安定

ここから考えられることは、「安定性が高いということは相対的に古いタイプではないのか」ということであった。また、前節（理論編第2章1.）で示したように、マクロなレベルでは真性テ形現象方言が擬似テ形現象化、はたまた非テ形現象化していること、ミクロなレベルではタイプA方言がタイプC方言に変化しつつあること、といった事実があった。
　これらのことから分かるように、真性テ形現象方言の方言タイプの中では、[-syl, +cor, -cont] という適用環境は相対的に古態を示しているものと考えられる。図示すると、次のようになる。

(3)
$$G: [\text{-syl}] \supset \begin{Bmatrix} F: [\text{-syl, -cont}] \\ C: [\text{-syl, +cor}] \end{Bmatrix} \supset A, B: [\text{-syl, +cor, -cont}]$$

←―――――――――――――――――→
新　　　　　　　　　　　　　　　　　古

(3)から分かることは、古態を残すタイプA, B方言では3つの弁別素性が指定されているが、言語変化によってできた新しい状態であるタイプG方言では1つの弁別素性しか指定されていないということである。従って、次のような仮説が立てられる。

(4) 非テ形現象化の指向性：
　　 非テ形現象化は、それに関わる弁別素性の指定の数を減らす方向へと変化する。

e消去ルールでは、適用環境が「…Xでない…場合」というように、Xの補集合(X^c)であるので、(4)は「e消去ルールの適用領域を狭める方向へ変化する」ことを意味する。
　また、グローバルには、次のように方言タイプの新旧を図示できる。

(5)

真性テ形現象方言　　擬似テ形現象方言　　非テ形現象方言
―――――――――――――――――――――→
古　　　　　　　　　　　　　　　　　　　新

(5)から分かるように、擬似テ形現象や非テ形現象は、真性テ形現象の崩壊した段階であると考えられる。

3. "海の道" の新旧

本節では、言語地理学的な問題として、"海の道"の西ルートと東ルートとの通時的な関係を見ていく。

地理的な関係で最も問題となることは、「伝播」の問題である。言語地理学ではいくつかの地理的な伝播の原理が提出されているが、その中に「周圏論」または「波動説（wave theory）」と呼ばれているものがある（cf. 柳田國男 (1980)）。この考え方は、「強文化圏から遠い位置に分布する項目ほど古態を留めている」というものである。この原理を西ルートと東ルートに適用してみると、次のような仮説が立てられる。

（1） ルートの新旧に関する仮説：
　　　西ルートの方が東ルートよりも古いものである。

即ち、九州西部方言にとって強文化圏はローカルには福岡地域、またはグローバルには京都であると仮定できる。それらの地域から地理的に遠いのは西ルートであるので、西ルートの方がより古いルートではないかという仮説が考えられるのである。

このような考え方は、歴史的な形成過程に対する仮説にも波及する。もし(1)の仮説の妥当性が高いとすると、西ルートと東ルートの違いは何であろうか。それは、理論編（第1章1.1.2.）で述べたように、ルールの適用環境の包含関係の違いであった。即ち、東ルートは構成される弁別素性が和の集合演算で結ばれている適用環境を持つものである。この「和の集合演算」が新しく形成されたという仮説が立てられないだろうか。つまり、次のような仮説が提出できる。

（2） 形成過程の仮説：
　　　和の集合演算で付加された適用環境は、比較的新しい形成過程によってもたらされたものである。

「和の集合演算で付加された適用環境」とは、理論編（第 1 章 1.1.2.）で挙げた [+nas] のことである。つまり、真性テ形現象地域には、本来西ルートしか存在しなかった。しかし、時間とともに、西ルートの周辺において、他の方言タイプ（福岡市・長崎市・熊本市などの都市圏における非テ形現象方言など）との接触など外的な影響により、e 消去ルールの適用環境に [+nas] の和集合演算が成された。これによって、西ルートの隣に、もう 1 本のルート、つまり東ルートが形成された。このようなシナリオが考えられるのである。以上のような提案には、次のような仮説が根底にある。

（3） 適用環境と形成過程の相関関係に関する仮説：
　　　適用環境を記述する弁別素性（群）の集合演算の違いが、音韻現象の形成過程に反映する。

ここでの「音韻現象」とはテ形現象のことである。しかし、この仮説を裏付けるためには、更なる証拠が必要である。

4. 非テ形現象化の指向性

以上、真性テ形現象の崩壊、即ち非テ形現象化について観察してきた。ここから言えることは、タイプA, B方言のように安定性の高いタイプが存在する一方で、周辺地域では真性テ形現象が崩壊しつつある、即ち非テ形現象化が進行している、ということである。しかも、非テ形現象化は様々なレベルで見られ、そこには何らかの言語変化の指向性があるようである。

まず、マクロなレベルでは、言うまでもなく(1)で表されるような方向性（指向性）がある。

（1） 非テ形現象化の指向性 α ：

```
 ←——————————————————————→
真性テ形現象方言    擬似テ形現象方言      非テ形現象方言
                 全体性テ形現象方言
 ——————————————————————→
              非テ形現象化
```

(1)は、真性テ形現象方言など4種類の方言タイプにおける連続性を基準として、それらに真性テ形現象と非テ形現象のいずれが優位に作用しているかというスケールを対応させたものである。スケールの左に行くほど真性テ形現象が優勢となり、右に行くほど非テ形現象が優勢となる。この場合、言語変化は左から右へと進行する。

次に、前述（理論編第2章2.）のように、4種類の方言タイプの内部でも非テ形現象化があり、特に真性テ形現象方言では次に図示できるような指向性が見られる。

（2）　G: [-syl] ⊃ { F: [-syl, -cont] ; C: [-syl, +cor] } ⊃ A, B: [-syl, +cor, -cont]

←——————————————————————

即ち、(2)では右から左への非テ形現象化が進行する。言語変化は適用環境が広くなる方向へ向かうのである。このことは、次の仮説で表現することができる。

（３） 非テ形現象化の指向性β：
　　　非テ形現象化は、それに関わる弁別素性の指定の数を減らす方向へと変化する。

しかし、(3)は適用環境Xが弁別素性の積の集合演算で構成されている場合である。和の集合演算で構成されている場合との関係はどうであろうか。タイプD, E方言の場合は、次に図示するように非テ形現象化が進行すると考えられる。

（４）　E：{[-syl, +cor], [+nas]} ⊃ D：{[-syl, +cor, -cont], [+nas]}
　　←────────────────────────

言語地理学的な関係を考え合わせると、次のように仮定できるであろう。

（５） 非テ形現象化の指向性γ：
　　　非テ形現象化は、積演算の集合から和演算の集合へ進行する。

一方、和演算の集合どうしの関係はどうであろうか。熊本県苓北町坂瀬川方言ではs, b語幹動詞に音節数条件が絡んでいた。また、熊本県天草市（旧本渡市）本町方言・熊本県天草市（旧天草郡）有明町島子方言ではg語幹動詞に音節数条件が絡んでいるようである。これらのことから考えると、タイプD方言の適用環境{[-syl, +cor, -cont], [+nas]}には[+voice]（有声性）が入りつつあるように推測される。即ち、(6)のような包含関係及び非テ形現象化の指向性が仮定できる。

（6）

A,B:[-syl, +cor, -cont]⊂D:{[-syl, +cor, -cont], [+nas]}⊂{[-syl, +cor, -cont], [+nas], [+voice]}

————————————————————————————————→

（6）から分かるように、和演算の集合の場合、新しい弁別素性を付加する方向へと変化を起こしている。従って、（3）は次のように改訂されなければならない。

（7）　非テ形現象化の指向性β：
　　　　非テ形現象化は、積集合演算ではそれに関わる弁別素性の指定の数を減らす方向へと変化する。和集合演算では新たな弁別素性を付加する方向へ変化する。

また、音節数条件そのものも非テ形現象化の表れであるので、次のような仮説が立てられる。

（8）　非テ形現象化の指向性δ：
　　　　非テ形現象化は、1音節語幹の場合から起こりやすい。

非テ形現象化は、まず音節数条件で表現されるように、ある1種類の語幹の1音節語幹動詞から進行するのであろう。それが、2音節以上の語幹を持つ動詞にも波及し、最終的にはその動詞全体に及ぶ。そして、その動詞の語幹末分節音が他の語幹末分節音との関係でどのような弁別素性の、どのような集合演算で表現されるかによって、適用環境Xがどのように変化するかが決まってくるのである。

　以上、非テ形現象化の指向性を議論してきたが、次にこの問題を地理的に考察してみる。非テ形現象化という言語変化は、真性テ形現象方言では(2),(4)の矢印のように進行するので、地理的には【図1】の矢印のように進行する。【図1】は理論編（第1章2.4.）の【図9】から真性テ形現象方言の部

分のみを抜き出したものである。

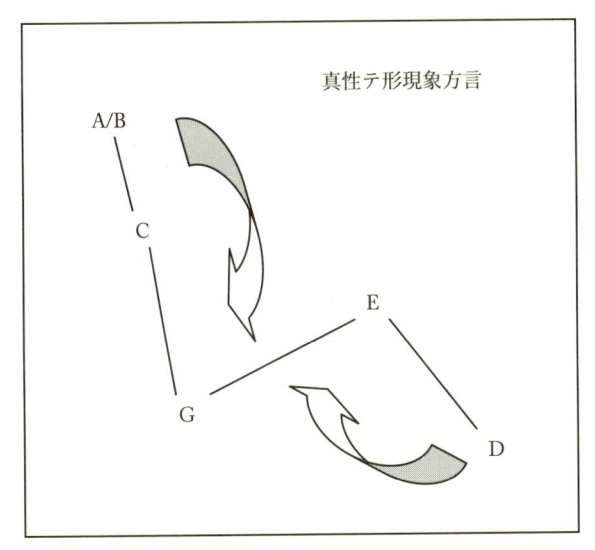

【図1】 真性テ形現象方言における言語変化（地理的動態）

　【図1】から分かるように、言語変化は"海の道"の南北端それぞれから中央部へ向かって進行している。中央部のタイプG, E方言は熊本県天草地域であるので、この地域では比較的新しい方言タイプが存在していることになる。天草地域は、西ルートと東ルートそれぞれにおける言語変化が行き着く"収束（収斂）点"である。しかし、収束（収斂）点だからといって、安定しているわけではない。均衡性（安定性）の観点から言うと、この地域の方言タイプが最も均衡化していない（不安定である）。実際、天草地域には様々な方言タイプや"亜種"が乱立しているのである。従って、真性テ形現象方言における言語変化は、均衡性（安定性）を低めながら（方言タイプの多様性を高めながら）収束（収斂）していくプロセスであろう。このプロセスは生物学における「生物の多様化」を類推させるが、現時点では理論的に未熟であるので、今後の議論に期する。

　最後に、非テ形現象化の指向性をまとめて挙げておく。

(9)a. 非テ形現象化の指向性 α：

```
←─────────────────────────────→
  真性テ形現象方言    擬似テ形現象方言      非テ形現象方言
                  全体性テ形現象方言
─────────────────────────────→
                    非テ形現象化
```

b. 非テ形現象化の指向性 β：
   非テ形現象化は、積集合演算ではそれに関わる弁別素性の指定の数を減らす方向へと変化する。和集合演算では新たな弁別素性を付加する方向へ変化する。
c. 非テ形現象化の指向性 γ：
   非テ形現象化は、積演算の集合から和演算の集合へ進行する。
d. 非テ形現象化の指向性 δ：
   非テ形現象化は、1音節語幹の場合から起こりやすい。

第3章　一般化

本章では、理論編（第1, 2章）で仮定した"海の道"仮説をさらに一般化した仮説へと発展させる。その際、九州西部方言だけでなく、島根県出雲方言の音韻現象にも注目し、新しい仮説へのサポートとする。

1.　出雲方言における母音交替現象

本節の目的は、島根県松江市（旧八束郡）宍道町・出雲市平田町（旧平田市）・簸川郡斐川町の出雲方言を対象とし、1モーラを構成する2つの分節音の組み合わせに関する音素配列上の制約（phonotactic constraint）を記述することにある。また、そこにある方言差についても言及する。さらに、方言差を司っていると考えられるより一般的な原理を仮説として提示する。

　3方言の地理的な位置については、【図1】を参照されたい。

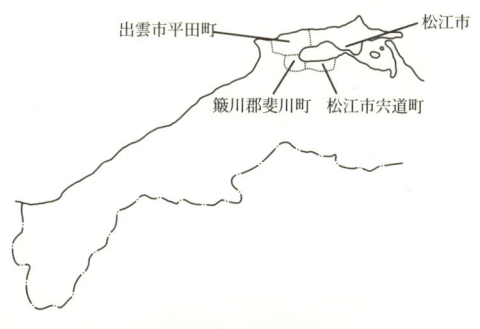

【図1】　出雲方言

1.1. ツール

ここでの記述に利用する弁別素性は大部分母音のそれであるので、母音の素性行列 (feature matrix) を【表1】に示す。

【表1】 出雲方言の母音の素性行列

	front (前舌性)	back (後舌性)	high (高舌性)	low (低舌性)
i	+	−	+	−
ɨ	−	−	+	−
e	+	−	−	−
a	−	+	−	+
o	−	+	−	−
u	−	+	+	−

ここでは、母音の記述に関して4つの弁別素性を設定する。共通語と大きく異なる点は、Backness の弁別素性として、[back] に加え [front] を設定している点である。これは、後述するように、/i/ 〜 /ɨ/ 及び /u/ 〜 /ɨ/ が交替現象においてそれぞれ同じ振る舞いをするからである。詳細は 1.2.1., 1.2.2. を参照されたい。また、子音の素性行列に関しては、必要なときに適宜説明していく。

1.2. 分析

本節では、6種類の交替現象を記述していく。さらに、これらの交替現象を観察することによって交替と方言差との関連性を追究する。6種類のうち、5種類は母音に関するものであり、1種類が子音に関するものである。

　以下に挙げるデータにおいて、丸括弧 ( ) で示す記号 S, R, K は順に宍道町・平田町・斐川町という地域名を表している。また、記号〜で結ばれた複数の語形はバリエーションである。

1.2.1. /i/ 〜 /ɨ/ 交替

本節では、/i/ 〜 /ɨ/ の交替を観察する。次のようなデータが見られる。

(1) a. [kiku] 〜 [tsɨku] (S/R)〈菊〉
    b. [giŋko] 〜 [dzɨŋko] (S/R)〈銀行〉
    c. [sisi] (R/K)〈獅子〉
    d. [sɨsɨ] (S/R/K)〈寿司〉
    e. [dzɨmiɴ] (R) 〜 [dzɨmeɴ] (K)〈地面〉
    f. [bidzɨɴ] (S/R/K)〈美人〉
    g. [mitsɨ] (S/K) 〜 [mitsi] (R/K)〈道〉
    h. [ennɨtsi] (S/K)〈縁日〉
    i. [niwatori] (R/K)〈鶏〉
    j. [jabɨ] (S)〈藪〉
    k. [happɨ] (S/R/K)〈法被〉
    l. [riŋgo] (R/K)〈りんご〉

(1) を見ると分かるように、もともとの母音 [i] が [ɨ] に交替しているという現象が見られる。この母音交替は、1 モーラ内における直前の子音をトリガーとするモーラ構成上（音素配列論上）の制約である。これを定式化すると、次のようになる。

(2) /i/ 〜 /ɨ/ 交替：
  [+high, -back] → [-front] / [C____]ₘ

(2) は、「モーラ (M) 内で、子音 (C) の直後の母音には、[+high, -back] に [-front] が指定される」ということを表している。[+high, -back] である母音は /i/, /ɨ/ であるので、これらに [-front] が指定されて、/ɨ/ になるのである。Underspecification Theory の考え方によれば、基底形では /i/, /ɨ/ には両方とも [+high, -back] しか指定されておらず、派生の途中の段階で (2) が適用さ

れて、/i/ が output されるということになろう。ただし、例外もある。[çi]
は [çi] ではなく、[ɸu] になる。

　方言差は、[m], [r] の直後で見られるが、それは S と R/K を区別するもの
である。S に関しては、データが不足しているだけかもしれないが、なぜ [m],
[r] の直後で /i/ 〜 /ɨ/ 交替が起こらないのか、現時点では不明である。

1.2.2.　/u/ 〜 /ɨ/ 交替

本節では、/u/ 〜 /ɨ/ の交替を観察する。次のようなデータが見られる。

（3）a.　[sɨsɨ] (S/R/K)〈煤〉
　　　b.　[tsɨdzɨ] (R/K)〈地図〉
　　　c.　[matsɨ] (S)〈松〉
　　　d.　[gandzɨtsɨ] (S/R/K)〈元日〉
　　　e.　[nɨrie] (K)〈塗り絵〉

(3) から分かるように、[s], [ts] の直後ではすべての方言で起こるが、[dz],
[n] の直後では方言差が見られる。即ち、R では [dz] の直後で、K では [dz],
[n] の直後で起こっている。そこで、次のように定式化する。

（4）a.　宍道町 (S)：
　　　　　[+high, -front] → [-back] / [[+cor, -voice, -son] ＿＿]ₘ
　　　b.　平田町 (R)：
　　　　　[+high, -front] → [-back] / [[+cor, -son] ＿＿]ₘ
　　　c.　斐川町 (K)：
　　　　　[+high, -front] → [-back] / [[+cor] ＿＿]ₘ

(4) は、子音 /s/ または /t/ の直後では、[+high, -front] に [-back] が指定され
て、/ɨ/ になるということを表す。興味深いことは、/s/, /t/, /z/, /n/ がいずれ
も歯音 (dental) であることである。斐川町方言では、[+cor] には /r/ が含ま

れることになるが、[r] の直後ではこの交替現象が起こらず例外となる。

　(4) を見ると、適用環境に次のような包含関係が認められることが分かる。

(5)　/u/ 〜 /i/ 交替における包含関係：

　　　宍道町　⊂　平田町　⊂　斐川町

即ち、斐川町方言の適用環境は平田町方言の適用環境を、平田町方言の適用環境は宍道町方言の適用環境を包含しているのである。

　理論編 (第1, 2章) では、このような適用環境に包含関係が見られるということが、これらの方言が1つの同じ方言群に属しており、何らかの地理的・歴史的関係を含意しているという仮説 ("海の道" 仮説) を提出している。これら3つの出雲方言に、どのような地理的・歴史的関係が含意されているのか、現時点では明らかになっていないが、九州西部方言以外に出雲方言でも証拠付けられるものであるならば、"海の道" 仮説をさらに支持するものとなろう。この問題に関するさらに一般化した考えは理論編 (第3章 2.) で述べる。

1.2.3. /u/ 〜 /o/ 交替

本節では、/u/ 〜 /o/ 交替を扱う。次のようなデータが見られる。

(6) a.　[osagi] (S/R)〈ウサギ〉
　　b.　[norie] (S)〈塗り絵〉
　　c.　[mokaʃi] (S)〈昔〉
　　d.　[rosɨ] (S)〈留守〉

(6) から分かるように、方言差がかなり見られる。R, K では比較的この交替現象は現れないが、S ではモーラ初頭、及び [n], [m], [r] の直後で交替が見られる。従って、S では次のようなルールを設定できる。

（7） /u/ ～ /o/ 交替（S のみ）：

　　　[+back, -low] → [-high] / [{ϕ, [+son]} ___]_M

（7）は、直前の子音が存在しないとき、またはそれが [+son] であるとき、後舌の非低母音は /o/ となるというものである。このルールは S しか持っていない。

1.2.4. /ju/ ～ /i/ 交替

本節では、/ju/ ～ /i/ 交替を扱う。次のようなデータが見られる。

（8）a. [iːbi] (S)〈夕べ〉
　　b. [kiːʃuː] (S)〈九州〉
　　c. [giːniː] (S) ～ [gjuːɲuː] (K)〈牛乳〉
　　d. [siniku] (S)〈朱肉〉
　　e. [dzigjoː] (S/K)〈授業〉
　　f. [tsɨːsi] (S)〈中止〉
　　g. [niːgiː] (S)〈乳牛〉
　　h. [piːpiː] (S)〈ピューピュー〉
　　i. [riː] (S)〈竜〉

（8）から分かるように、いわゆる拗音に起こる交替現象である。拗音であっても、[çu], [bju], [mju] にはこの交替は見られない。

　また、かなりの方言差もある。S では（8）に挙げるすべての行で交替が起こっているが、K では [dz], [ts], [n] の直後でのみ起こっている。R では交替現象は見られない。従って、まず K には次のようなルールが立てられる。

（9） /ju/ ～ /i/ 交替（K のみ）：

　　　[+high, -front] → [-back] / [{ts, dz, n} ___]_M

これは /u/ ～ /i/ 交替の一種である。/ju/ の /u/ が (9) によって /i/、即ち /ji/ となる。しかし、*/ji/ は音声的に許されないので、ある種の filter にかかり、/ji/ → /i/ となる。また、(9) 自体は、/ts/, /dz/, /n/ が [+cor] であるので、(4c) に吸収される。ただし、/r/ と同様に /rj/ の場合も例外となり、(4c) の適用からは外れる。

　問題は S である。前述の通り、S ではすべての拗音で交替が起こっている。従って、次のようなルールを立てられる。

(10)　/ju/ ～ /i/ 交替 (S のみ)：
　　　[+high, -front] → [-back] / [[-syl, +high] ＿＿]$_M$

これも /u/ ～ /i/ 交替の一種である。/ju/ が (9) によって /ji/ となり、音声的な filter により /ji/ → /i/ となる。しかし、K の場合と異なり、(10) を (4a) に吸収させることはできない。

1.2.5. /e/ ～ /i/ 交替

本節では、/e/ ～ /i/ 交替を扱う。次のようなデータが見られる。

(11) a.　[ini] (K) 〈稲〉
　　 b.　[miʃi] (S) ～ [misi] (R/K) 〈飯〉

(11) から分かるように、K では [n], [m] の直後で、S, R では [m] の直後で交替現象が見られる。いずれも随意的 (optional) な交替で、交替が起こらない場合もある。次のようにルールを設定できよう。

(12) a.　/e/ ～ /i/ 交替 (K のみ)：
　　　　[+front, -low] → [+high] / [[+nas] ＿＿]$_M$
　　 b.　/e/ ～ /i/ 交替 (S, R)：
　　　　[+front, -low] → [+high] / [[+nas, +lab] ＿＿]$_M$

(12)では、まず /e/ 〜 /i/ の交替を想定している。このルールが適用された後、(2)の /i/ 〜 /ɨ/ 交替が起こると考えるのである。(12a)では、[+nas]、即ち /m/, /n/ の直後で交替が起こり、(12b)では、[+nas, +lab]、即ち /m/ の直後で交替が起こる。

　方言差の観点から見ると、(12)の2つのルールの適用環境にも包含関係が成立する。次のように記号で表すことができる。

(13)　/e/ 〜 /i/ 交替における包含関係：
　　　宍道町・平田町　⊂　斐川町

これは(5)と同じような包含関係となっている。

1.2.6. 硬口蓋化

本節では、硬口蓋化という交替現象を扱う。次のようなデータが見られる。

(14) a.　[setomoɴ] (S) 〜 [ʃetomoɴ] (S) 〜 [ʃetomono] (R/K) 〈瀬戸物〉
　　　b.　[dʑeni] (S/R) 〜 [dʑeni] (K) 〈銭〉

(14)から分かるように、R, K では [ʃe], [dʑe] しか現れず、S では自由変異 (free variation) である。次のように定式化できる。[strident] は粗擦性を表す。

(15)　硬口蓋化：
　　　　[+cor, +strident] → [+high] / [___ e]_M

(15)は、母音 /e/ の直前で、[+cor, +strident] である子音 /s/, /z/ が硬口蓋化し、それぞれ [ʃe], [dʑe] となるというものである。

1.3. ルールのまとめ

本節では、1.2. で設定したルールをまとめて再掲する。(2), (4), (7), (10), (12) は母音交替、(15) は子音交替である。

(2) /i/ ～ /ɨ/ 交替：

[+high, -back] → [-front] / [C ___]$_M$

(4) /u/ ～ /ɨ/ 交替：
  a. 宍道町 (S)：

  [+high, -front] → [-back] / [[+cor, -voice, -son] ___]$_M$

  b. 平田町 (R)：

  [+high, -front] → [-back] / [[+cor, -son] ___]$_M$

  c. 斐川町 (K)：

  [+high, -front] → [-back] / [[+cor] ___]$_M$

(7) /u/ ～ /o/ 交替 (S のみ)：

[+back, -low] → [-high] / [{ϕ, [+son]} ___]$_M$

(10) /ju/ ～ /ɨ/ 交替 (S のみ)：

[+high, -front] → [-back] / [[-syl, +high] ___]$_M$

(12) a. /e/ ～ /i/ 交替 (K のみ)：

  [+front, -low] → [+high] / [[+nas] ___]$_M$

  b. /e/ ～ /i/ 交替 (S, R)：

  [+front, -low] → [+high] / [[+nas, +lab] ___]$_M$

(15) 硬口蓋化：

[+cor, +strident] → [+high] / [___ e]$_M$

これを方言ごとにまとめてみると、【表2】のようになる。記号○は当該ルールを持っているということを、記号×は当該ルールを持っていないことをそれぞれ表す。また、記号●は当該ルールを持っているが、その適用環境が方言ごとに異なっていることを示す。この場合、3方言の適用環境は包含関係にある。

【表2】 音韻ルールの適用

	宍道町	平田町	斐川町
(2)	○	○	○
(4)	●	●	●
(7)	○	×	×
(10)	○	×	×
(12)	●	●	●
(15)	○	○	○

【表2】から分かるように、(2),(15)は3方言とも持っている。(4),(12)も3方言ともに持っているが、各方言のルールの適用環境が包含関係になっている。(7),(10)はSしか持っていない。

1.4. 母音交替現象の方言差

本節では、母音交替現象にどのような方言差が見られるか、方言差の本質とは何か、方言差の形成仮説などについて考察する。

1.3. で見てきたように、母音交替における方言差は、/i/～/i̵/交替(2)以外のすべてに見られる。特に、/u/～/o/交替(7)は宍道町のみに見られる現象であるので、あたかも宍道町方言が古態を残しているように見える。しかし、/u/～/i̵/交替(4)や/e/～/i/交替(12)を見ると、そうではないようである。

理論編（第1章2.）では、ルールの適用環境の包含関係と地理的な位置関係との関連性を追及している。そこでは、適用環境が包含関係にあるルールを持つ方言は、地理的にも連続しており、1つの方言群（方言圏）を形成しているという仮説を提出している。[1]ここでは、それらの方言群の中の方言差の形成過程については熟した議論は行われていないが、九州西部方言のケースも考慮すると、次のような新たな仮説を設定できる。

(16)　"群"仮説：
　　　ある2つの方言体系A, Bが持つルールiの適用領域α, βに、包含関係α⊂βが成立するとき、
　　　　①2つの方言体系A, Bは同じ方言群に属する。【群形成仮説】
　　　　②歴史的変化β＞αが起こったという可能性が高い。
　　　　　　　　　　　　　　　　　　　　　　　　【歴史的変化仮説】
　　　　③適用領域が広い（汎用性が高い・よりglobalな）ルールi$_β$は、適用領域が狭い（汎用性が低い・よりlocalな）ルールi$_α$へ変化していく。　　　　　　　　　　　　　　　【淘汰仮説・進化仮説】

(16)では、いくつかの方言において、同じ現象を記述するルールの適用領域に包含関係が生じた場合、「群(swarm)」が形成されるということがメインとなっている。群は②③ような仮説を導き出す。これらは、当該のルールが少しずつ適用領域を縮小していくというプロセスを表している。適用領域が広いルールを持つ方言が古く、狭いルールを持つ方言が新しいということになる。

　(16)を検証するために、出雲方言のケースを当てはめてみる。本書で扱った3方言の適用領域（適用環境）が包含関係にあるルールは、/u/～/i/交替(4)と/e/～/i/交替(12)である。以下に再掲する。

(4)　/u/～/ɨ/交替：
　　a.　宍道町(S)：
　　　　[+high, -front] → [-back] / [[+cor, -voice, -son] ＿＿]$_M$
　　b.　平田町(R)：
　　　　[+high, -front] → [-back] / [[+cor, -son] ＿＿]$_M$
　　c.　斐川町(K)：
　　　　[+high, -front] → [-back] / [[+cor] ＿＿]$_M$

(12) a. /e/ 〜 /i/ 交替（K のみ）：
　　　　[+front, -low] → [+high] / [[+nas] ＿＿]_M
　　b. /e/ 〜 /i/ 交替（S, R）：
　　　　[+front, -low] → [+high] / [[+nas, +lab] ＿＿]_M

そして、それぞれのルールの適用領域（適用環境）の包含関係は、次のようになっている。

（ 5 ）　/u/ 〜 /i/ 交替における包含関係：
　　　　宍道町　⊂　平田町　⊂　斐川町
（13）　/e/ 〜 /i/ 交替における包含関係：
　　　　宍道町・平田町　⊂　斐川町

これに（16）を適用すると、次のように言えることになる。

（17）　出雲方言における"群"仮説：
　　　　①宍道町・平田町・斐川町は同じ方言群に属する。
　　　　②歴史的変化「斐川町＞平田町＞宍道町」が起こった可能性が高い。
　　　　③最も適用領域の狭い宍道町のルールは、消滅の方向へ進化する。

即ち、3 方言の中では宍道町方言が最も適用領域が狭く、斐川町方言が最も広い。斐川町方言が古態を残しており、宍道町方言はこれが消えつつあると言えることになる。
　適用領域の広狭は、適用環境で指定された弁別素性の数に依存する。出雲方言の母音交替ルールでは、指定される弁別素性の数が少ないほど適用領域は広く、弁別素性の数が多いほど適用領域が狭くなる。例えば、(4) の適用領域（適用環境）は次のように図式化することができる。

(18)

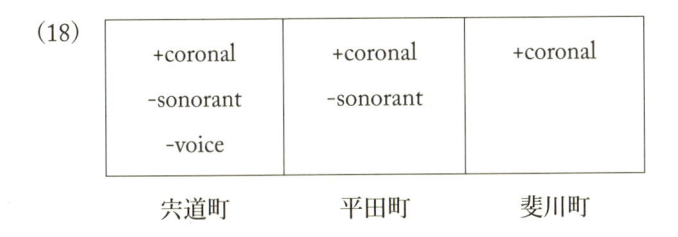

+coronal -sonorant -voice	+coronal -sonorant	+coronal
宍道町	平田町	斐川町

(18)を見る限りでは、各方言ごとに弁別素性の集合が独立しているように見える。しかし、それぞれの弁別素性の共通性を考慮すると、次のように(18)を書き換えることができる。

(19)

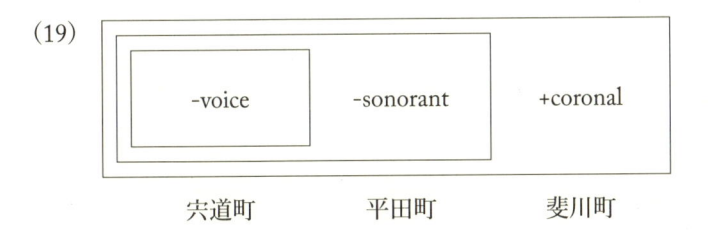

-voice	-sonorant	+coronal
宍道町	平田町	斐川町

歴史的に斐川町方言が古く、宍道町方言が新しいということは、歴史的変化は適用領域を狭くする方向へ、弁別素性の指定を増していく方向へ進むようである。

　以上の仮説は、理論編(第2章3.)で示した次のような非テ形現象化の仮説と一見正反対であるかのように見える。

(20) 　非テ形現象化の指向性 β ：
　　　非テ形現象化は、積集合演算ではそれに関わる弁別素性の指定の数を減らす方向へと変化する。和集合演算では新たな弁別素性を付加する方向へ変化する。

しかし、(20)において e 消去ルールの弁別素性の指定を減らすということは、その適用領域を狭めることである。従って、出雲方言の母音交替現象も

九州西部方言のテ形現象も、同じ仮説で説明できることになる。それは、"海の道"仮説であり"群"仮説である。これら2つの仮説は同じようなものと考えられるが、同じであるとすると、どちらを最終的に仮定するべきであろうか。この問題については、次章で議論する。

註

1　有元光彦（2004a）までの研究では、地理的な連続性との関連を重視して、「方言圏」という言語地理学的な術語を用いてきた。しかし、本書で新たに設定する仮説には、この術語を使用しない。なぜなら、現段階では、適用環境の包含関係が地理的なものだけに反映されるのか、それともそれ以外のものにも反映されるのか、明確になっていないからである。従って、ここでは暫定的に「方言群」という術語を使用している。

2. "海の道" 仮説と "群" 仮説

前節(理論編第3章1.)では、出雲方言の母音交替現象を記述するために、"群"仮説を仮定した。しかし、この仮説は、理論編(第1,2章)で提唱した"海の道"仮説と重複する点が多々ある。本節では、これら2つの仮説を比較・検証し、それらを融合した新たな仮説を提示する。

2.1. 2つの仮説の内容

本節では、"海の道"仮説及び"群"仮説の内容を簡単に述べる。

まず、"海の道"仮説は、次のような仮説の総称である。

(1) a. マクロな方言タイプの連続性：
   共通語の「テ」に相当する部分に現れる音声の種類とその分布に関して4種類の方言タイプ(真性テ形現象方言・擬似テ形現象方言・全体性テ形現象方言・非テ形現象方言)が存在し、それらは次のような連続性を成している。

   ⟵――――――――――――――――――――――⟶
   真性テ形現象方言　　擬似テ形現象方言　　非テ形現象方言
   　　　　　　　　　全体性テ形現象方言

   b. 真性テ形現象に関する連続性：
   真性テ形現象を司る中心的なルールであるe消去ルールの適用環境が包含関係を示しており、それが地理的な連続性と密接に関連する。

   c. ルートの新旧に関する仮説：
   西ルートの方が東ルートよりも古いものである。

   d. 形成過程の仮説：
   和の集合演算で付加された適用環境は、比較的新しい形成過程によってもたらされたものである。

   e. 適用環境と形成過程の相関関係に関する仮説：

適用環境を記述する弁別素性(群)の集合演算の違いが、音韻現象の形成過程に反映する。
- f. "均衡化"の仮説：
  真性テ形現象・擬似テ形現象を引き起こす(音韻ルールの適用)環境は、[-syl, +cor, -cont] という集合で均衡化する。

次に、"群"仮説は、次のように記述される。

(2) "群"仮説：
ある2つの方言体系 A, B が持つルール i の適用領域 α, β に、包含関係 $\alpha \subset \beta$ が成立するとき、
① 2つの方言 A, B は同じ方言群に属する。　　　　【群形成仮説】
② 歴史的変化 $\beta > \alpha$ が起こったという可能性が高い。
　　　　　　　　　　　　　　　　　　　　　　　　　【歴史的変化仮説】
③ 適用領域が広い(汎用性が高い・より global な)ルール i_β は、適用領域が狭い(汎用性が低い・より local な)ルール i_α へ変化していく。　　　　　　　　　　　　　　　　　　【淘汰仮説・進化仮説】

2.2. 2つの仮説の比較

前節で、"海の道"仮説と"群"仮説をそれぞれ簡単に述べた。いずれの仮説にも、その大前提として、

(3) 各方言が持つルール間の関係は、方言間の関係を反映する。

というものがある。これは方言体系の内的(language-internal)な問題である。これが、"海の道"仮説においては、さらに外的(language-external)な問題である地理的関係と相関するのである。"群"仮説は、言語内的なことしか言及していない。地理的関係については"群"仮説は言及していない。この点を考慮しつつ、"海の道"仮説が"群"仮説で説明できるかどうかを検

討していくことにする。
　まず、"群"仮説(2)における「ルール i 」とは、"海の道"仮説では e 消去ルールのことである。
　次に(1a, b)は、当該ルールの適用環境が包含関係を示していれば、それが地理的な連続性を反映するということであるので、テ形現象が観察される九州西部方言だけでなく、出雲3方言においても地理的な連続性があるということを予測することとなる。即ち、次のような地理的な連続性を持つ。

(4)　出雲方言における地理的な連続性：
　　　斐川町方言－平田町方言－宍道町方言

問題はここにある。"海の道"仮説は連続性に注目しているので、各方言体系は言語内的にも地理的にも「連続体」(continuum) を成していると規定している。従って、"海の道"仮説によると(4)のような連続体が提出される。しかし、"群"仮説では、連続体ではなく、「方言群」を成しているとする。「方言群」という用語には、今の所、連続体という概念は込められていない。この点は大きな違いである。
　(1c)は言語内的な新旧を問うものである。2本ある"海の道"のうち、「西ルートは東ルートよりも古い」ということであるので、「西ルート＞東ルート」という歴史的変化が考えられる。このような歴史的変化からは、e 消去ルールの適用環境において「東ルート⊂西ルート」という包含関係が存在することが予測される。実際 e 消去ルールの適用環境 X における包含関係 (cf. 理論編第1章1.1.2.) を見ると、西ルートよりも東ルートの方がより狭い適用領域を持っている。従って、"海の道"仮説(1c)は、"群"仮説(2)②から必然的に求められるものであるということになる。
　(1d)は(1c)と内容はほぼ同じである。(1c)において東ルートがより新しいものであるとなっているので、e 消去ルールの適用環境 X において和集合演算を持つ適用環境の方が比較的新しいのである。従って、(1d)も(2)②から導かれるものである。

(1e) は (1c, d) の前提となる規定であるので、"群"仮説に反するものではない。

(1f) は、理論編（第1章1.2.）で示したように、集合 [-syl, +cor, -cont] が最も安定性が高いというものである。これについては、理論編（第2章4.）でも述べたように、適用環境 XA=[-syl, +cor, -cont] が最も古く、適用環境 XG=[-syl] が最も新しいということになる。e消去ルールの適用環境は「…Xでない…場合」であるので、言語変化が適用領域を狭くする方向へ、即ち弁別素性の指定を外す方向へ進行しているので、結局のところ、(1f) も"群"仮説から導き出すことができる。

以上から分かるように、"群"仮説は"海の道"仮説とほぼ同じ内容について言及している。ただし、地理的関係との相関については、"群"仮説はもともと言及していないため、当該の方言が、言語内的及び地理的に連続性を成しているのか、それとも単に群を成しているだけなのか、検討しなければならないだろう。いずれにしても、九州西部方言にも出雲方言にも地理的な連続性は見られるようである。従って、「方言間の関係」「ルール間の関係」「地理的な関係」は「連続性」というキーワードで繋がっている重要な関係であろう。

2.3. 2つの仮説の融合

以上の議論を踏まえて、"海の道"仮説と"群"仮説との融合を図らねばならない。改訂案を作成するに当たっては、曖昧性を避けるために、「自律した演繹的な系を形成する数学的な系をなるべく利用する」(cf. 辻井潤一(1999))という方針を採用する。従って、"群"仮説を基にし、これに"海の道"仮説を組み込んだ次のような【統合版】を設定する。

（5）"群"仮説【統合版】：
　　　　ある2つの方言体系 A, B が持つルール i の適用領域 α, β に、包含関係 $\alpha \subset \beta$ が成立するとき、

① 2つの方言 A, B は同じ方言群に属し、連続体を成す。
【群連続体形成仮説】
②この連続体は、地理的な連続性と相関する。
③歴史的変化 $\beta > \alpha$ が起こったという可能性が高い。
【歴史的変化仮説】
④適用領域が広い（汎用性が高い・より global な）ルール i_β は、適用領域が狭い（汎用性が低い・より local な）ルール i_α へ変化していく。
【淘汰仮説・進化仮説】

(5)は、(2)において①を改訂し、②を付加したものになっている。いずれも、単なる"群"ではなく、連続性を意識したものとなっている。

第4章　テ形現象の本質とは？

本章では、"群"という考え方をさらに進め、"群"の中で何が起こっているのかについて議論する。ここで述べる議論は仮説の域を出ないものも多々あるが、テ形現象において最も重要で決定的なものは何かといった問題を解決するための試論と考えられたい。

　本章で扱う項目は、真性テ形現象と非テ形現象との関連性、及びテ形とタ形との関連性に見られる"切り取り（切り分け）"の問題、そしてこれらを包括的に記述・説明するための"棲み分け"という考え方についての問題である。

1. "切り取り（切り分け）"

本節では、真性テ形現象と非テ形現象との関連性の問題、テ形とタ形との関連性の問題を扱う。いずれも、後述する"棲み分け"という考え方の前提になる問題である。

1.1. 真性テ形現象　vs.　非テ形現象

本節では、真性テ形現象と非テ形現象との対立を、「テ」に相当する部分にどのような種類の音声が現れるかという観点から議論し、そこに"棲み分け"のような現象が起こっていることを示す。

　まず、出発点として、共通語の「テ」に相当する部分の音声の種類から見ていくために、記述編（第3章）の【表3】を再掲する。

【表1】「テ」に相当する部分の音声と種類

方言タイプ	2種類	3種類	4種類
A			Q/N/te/de
B		Q/te/de	
C			Q/N/te/de
D		Q/te/de	
E		Q/te/de	
F		Q/te/de	
G		Q/te/de	
NA	te/de		
NB	tɕi/dʑi		
WA	Q/N		
PA		tɕi (çi)/te/de	
PB			tsu/dzu/te/de
PC		re/ne/te	

この表を、「テ」に相当する部分に現れる音声の種類の数だけに注目して、捉えなおすと、次のようにまとめられる。

（1）a. 2種類………タイプ NA, NB, WA 方言
　　 b. 3種類………タイプ B, D, E, F, G, PA, PC 方言
　　 c. 4種類………タイプ A, C, PB 方言

ここで、「テ」に相当する部分の音声の種類と音韻ルールとの関係について考えてみる。まず、理論編（第3章）の【表4, 5】を次に再掲する。

【表2】 音韻ルールの適用（真性テ形現象方言）

	A	B	C	D	E	F	G
e 消去ルール	○	○	○	○	○	○	○
テ形接辞 e/i 交替ルール	×	×	×	×	×	×	×
テ形接辞 e/u 交替ルール	×	×	×	×	×	×	×
テ形接辞 t/r 交替ルール	×	×	×	×	×	×	×
テ形接辞 d/n 交替ルール	×	×	×	×	×	×	×
逆行同化ルール	○	○	○	○	○	○	○
単語末子音群簡略化ルール	○	○	○	○	○	○	○
単語末有声子音鼻音化ルール	○	×	○	○	×	○	○
有声性順行同化ルール	○	○	○	○	○	○	○
i 挿入ルール	×/●	●	○	●	○	○	○
音便ルール	×	×	×	×	×	×	×
s, k, g 消去ルール	×	×	×	×	×	×	×
母音融合ルール	×	×	×	×	○	○	○
形態素末鼻音化ルール	×	×	×	×	×	○	×

【表3】 音韻ルールの適用（非・全体性・擬似テ形現象方言）

	NA	NB	WA	PA	PB	PC
e 消去ルール	×	×	×	×	×	×
テ形接辞 e/i 交替ルール	×	×	×	○	×	×
テ形接辞 e/u 交替ルール	×	×	×	×	○	×
テ形接辞 t/r 交替ルール	×	×	×	×	×	○
テ形接辞 d/n 交替ルール	×	×	×	×	×	○
逆行同化ルール	○	○	○	○	○	○
単語末子音群簡略化ルール	×	×	○	×	×	×
単語末有声子音鼻音化ルール	×	×	×	×	×	×
有声性順行同化ルール	○	○	×	○	○	○
i 挿入ルール	○	○	○	○	○	○
音便ルール	○	○	○	○	○	○
s, k, g 消去ルール	○	○	○	○	○	○
母音融合ルール	○	×	○	○	○	○
形態素末鼻音化ルール	×	×	×	×	×	×

「テ」に相当する部分の音声を決定するのは、各方言タイプごとに異なっているが、【表 2, 3】を見ていくと、「テ」に相当する部分に現れる音声の種類の数によって、適用される音韻ルールが決まっているのである。記述編（第3章）で述べたように、真性テ形現象を司る音韻ルールは、【表 2, 3】の左端列の中で、e 消去ルールから有声性順行同化ルールまでである。これらの諸ルールと、「テ」に相当する部分に現れる音声の種類の数との関係を表すと、【表 4】のようになる。

【表 4】 「テ」に相当する部分の音声と音韻ルールとの関係

	4 種類		3 種類		2 種類	
e 消去ルール	○	×	○	×	×	×
テ形接辞交替ルール	×	○	×	○	×	×
逆行同化ルール	○	○	○	○	○	○
単語末子音群簡略化ルール	○	○	○	×	×	×
単語末有声子音鼻音化ルール	○	×	○	×	×	×
有声性順行同化ルール	○	○	○	○	○	×
方言タイプ	A, C	PB, PC	B, D, E, F, G	PA	NA, NB	WA

ここでは、4つのテ形接辞交替ルールをまとめて書いている。ここから分かるように、【表 4】の中で右に行くほど、真性テ形現象を司るルールが適用されなくなっている。即ち、「テ」に相当する部分に現れる音声の種類の数が少なくなればなるほど、真性テ形現象を司るルールが存在しなくなるのである。

逆に、非テ形現象を司るルールに関しては、記述編（第3章）でも述べたように、真性テ形現象方言に特徴が現れている。【表 2】の左端列の中で、i 挿入ルールから形態素末鼻音化ルールまでが非テ形現象を司るルール群である。このルール群だけに注目すると、【表 2】の中で右に行くほど、非テ形現象を司るルールがより多く適用されるようになっている。これは、前述した真性テ形現象を司るルール群の適用状況とは全く逆の状況となっている。即ち、真性テ形現象を司るルール群の適用領域が狭くなるほど、非テ形現象

を司るルール群の適用領域が広がっているのである。従って、両者の適用領域の広狭に関する対応関係を図式化すると、次のようになる。

（２）　真性テ形現象と非テ形現象との関連性：

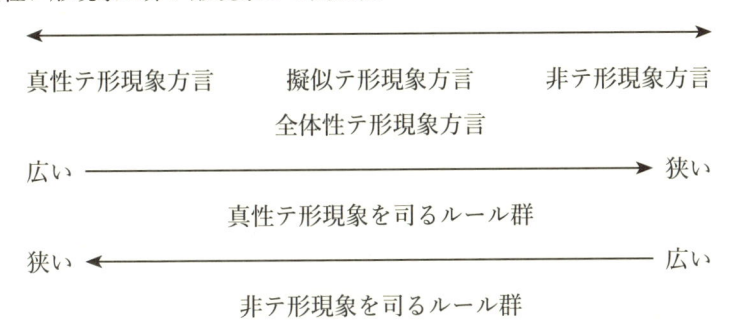

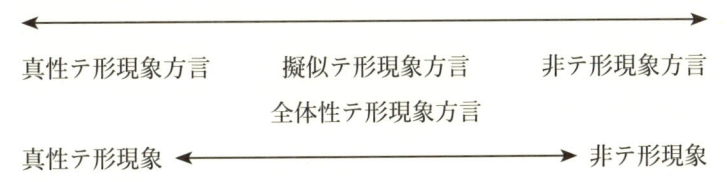

```
←─────────────────────────────────────→
真性テ形現象方言    擬似テ形現象方言    非テ形現象方言
                全体性テ形現象方言
広い ──────────────────────────→ 狭い
           真性テ形現象を司るルール群
狭い ←────────────────────────── 広い
           非テ形現象を司るルール群
```

(2)に示したように、4タイプの方言のスケールにおいて、左に行くほど、真性テ形現象を司るルール群の適用領域は広くなり、逆に非テ形現象を司るルール群の適用領域が狭くなる。また、右に行くほど、真性テ形現象を司るルール群の適用領域は狭くなり、逆に非テ形現象を司るルール群の適用領域が広くなるのである。このことから、「真性テ形現象と非テ形現象は相補的な関係にある」、言い換えれば、「真性テ形現象と非テ形現象は１本のスケールの両極に位置付けられる関係である」と言えよう。この仮説を図式化すると、次のようになる。

（３）　真性テ形現象と非テ形現象との関連性：

```
←─────────────────────────────────────→
真性テ形現象方言    擬似テ形現象方言    非テ形現象方言
                全体性テ形現象方言
真性テ形現象 ←──────────────────→ 非テ形現象
```

(3)に示したように、4タイプの方言のスケールにおいて、左に行くほど、真性テ形現象が優勢になり、右に行くほど、非テ形現象が優勢になるのであ

る。

　以上から分かるように、「テ」に相当する部分に現れる音声の種類において、真性テ形現象はより多くの音声を扱うことができるのに対し、非テ形現象は少ない種類の音声しか扱うことができない。分かりやすくするために、子音語幹動詞だけを考えると、語幹末子音には9つあるが、この9つの子音をどのように切り取るか（切り分けるか）という問題に還元される。「テ」に相当する部分の音声の種類は、語幹末子音が何であるかがトリガーとなっているので、「テ」に相当する部分に4種類の音声が現れる場合は、9つの語幹末子音の集合を4グループに切り取っている（切り分けている）ことになる。一方、「テ」に相当する部分に2種類の音声しか現れない場合は、9つの語幹末子音の集合を2グループに切り取っている（切り分けている）ことになる。テ形現象にとって最も重要なことは、この"切り取り（切り分け）"ではないだろうか。この問題は再度第4章2.で議論する。

1.2. テ形 vs. タ形

1.1. で述べたように、真性テ形現象は非テ形現象の対極に位置するものであると仮定した。そうすると、1つの問題が生じてくる。それは、非テ形現象が活用の中でテ形にもタ形（完了形）にも現れるにもかかわらず、真性テ形現象はなぜテ形にしか現れないのだろうかということである。真性テ形現象はタ形には見られないのだろうか。

　そこで、鹿児島県上甑島瀬上方言のタ形を次に挙げてみる。データは、尾形佳助（1987）から引用する。ただし、若干修正を加えている箇所がある。

第 4 章　テ形現象の本質とは？　249

【表 5】　瀬上方言のタ形データ

語幹	瀬上	意味
/kaw/ 〈買う〉	koːra	買った
/tob/ 〈飛ぶ〉	toːna	飛んだ
/jom/ 〈読む〉	joːna	読んだ
/hos/ 〈干す〉	heːraː	干した
/kak/ 〈書く〉	keːra	書いた
/kog/ 〈漕ぐ〉	keːna	漕いだ
/uj/ 〈売る〉	utta	売った
/tat/ 〈立つ〉	tatta	立った
/sin/ 〈死ぬ〉	ʃinna	死んだ
/mi/ 〈見る〉	mita	見た
/oki/ 〈起きる〉	-----	起きた
/de/ 〈出る〉	-----	出た
/uge/ 〈受ける〉	ugera	受けた
/i/〜/it/ 〈行く〉	-----	行った
/ki/ 〈来る〉	kita	来た
/s/ 〈する〉	ʃitaː	した

【表 5】から分かるように、瀬上方言では、共通語の「タ」に相当する部分にも、複数の音声が現れている。即ち、[ra], [na], [ta] である。これらの分布は、次に示すように、語幹末分節音の違いによるようである。

（4）a.　共通語の「タ」に相当する部分には、[ra], [na], [ta] が現れている。
　　b.　[ra] で現れる場合は、語幹末分節音が /w, s, k, e2/ のときである。
　　c.　[na] で現れる場合は、語幹末分節音が /b, m, g, n/ のときである。
　　d.　[ta] で現れる場合は、語幹末分節音が /j, t, i1/ 及び不規則動詞のときである。

調査漏れが多々あるが、（4）はおおよそテ形の場合の分布と同じである。瀬上方言のテ形の分布を記述編（第 2 章 4.1.3.）から抜き出して再掲すると、次

の通りである。

(5) a. 共通語の「テ」に相当する部分の音声は、[re], [ne], [te] で現れている。
   b. [re] で現れる場合は、語幹末分節音が /w, s, k, e1/ のときである。
   c. [ne] で現れる場合は、語幹末分節音が /b, m, g, n/ のときである。
   d. [te] で現れる場合は、語幹末分節音が /j, t, i1/ 及び不規則動詞のときである。

ここから分かるように、(4)と(5)はほぼ一致している。つまり、擬似テ形現象は、瀬上方言の場合、タ形にも起こっているのである。しかも、タ形に起こる擬似テ形現象は、共通語の「タ」の部分に現れる音声は異なるものの、その他の点では、テ形に起こる擬似テ形現象と全く同じである。このようにタ形にもテ形現象が起こることを便宜上「テ形／タ形現象」と呼んでおく。

以上のように、瀬上方言にテ形／タ形現象が見られるということは、まだ他の方言にも見られる可能性がある。記述編で挙げた方言の中では、瀬上方言だけである。同じ鹿児島県のトカラ列島はタイプNA方言であるので、テ形にさえも見られない。屋久島・種子島に関しては、調査不足で不明である。琉球方言圏に入ると、まず奄美でテ形／タ形現象が見られるようである。名嘉真三成 (1992) から鹿児島県大島郡龍郷町大勝(おおがち)方言のデータを次に挙げる（意味は省略する）。[1]

第4章　テ形現象の本質とは？　251

【表6】　大勝方言のテ形・タ形データ

語幹	テ形	タ形
/kaw/〈買う〉	koti	kotaɴ
/tub/〈飛ぶ〉	tudi	tudaɴ
/jum/〈読む〉	judi	judaɴ
/hus/〈干す〉	huʃʃi	huʃʃaɴ
/kak/〈書く〉	kaʃʃi	kaʃʃaɴ
/kug/〈漕ぐ〉	kudʒi	kudʒaɴ
/nij/〈見る〉	niʃi	niʃaɴ
/tur/〈取る〉	tuti	tutaɴ
/kʔir/〈切る〉	kʔitʃi	kʔitʃaɴ
/mat/〈待つ〉	matʃi	matʃaɴ
/sin/〈死ぬ〉	ʃidʒi	ʃidʒaɴ
/sitü/〈捨てる〉	sïtïti	sïtïtaɴ
/kë/〈越える〉	këti	këtaɴ
/i/〜/it/〈行く〉	ʔidʒi	ʔidʒaɴ
/ki/〈来る〉	ʃitʃʔi	ʃitsʔaɴ
/s/〈する〉	ʃiː	ʃaɴ

【表6】から、テ形の「テ」に相当する部分とタ形の「タ」に相当する部分には、同じ音声が現れていることが分かる。それらの音声の分布は、次のようになっている。

(6) a. 共通語の「テ」「タ」に相当する部分の音声は、[ʃi], [tʃi], [dʒi], [ti], [di]（タ形の場合は [ʃaɴ], [tʃaɴ], [dʒaɴ], [taɴ], [daɴ]）で現れている。
   b. [ʃi], [ʃaɴ] で現れる場合は、語幹末分節音が /s, k, j/ のときである。
   c. [tʃi], [tʃaɴ] で現れる場合は、語幹末分節音が /t, r*/ のときである。
   d. [dʒi], [dʒaɴ] で現れる場合は、語幹末分節音が /g, n/ のときである。
   e. [ti], [taɴ] で現れる場合は、語幹末分節音が /w, r, ï, ë/ のときである。
   f. [di], [daɴ] で現れる場合は、語幹末分節音が /b, m/ のときである。

(6)では、不規則動詞は外している。また、/r*/ は「語幹末分節音の直前の母音が /i/ である1音節の r 語幹動詞」を指している。これについては、振る舞いが明らかになっていない。

さて、(6)を見る限りでは、共通語の「テ」「タ」に相当する部分に、複数の音声が現れており、しかもそれらの現れ方は語幹末分節音の違いによっていることが分かる。従って、瀬上方言と同様、テ形／タ形現象が起こっているのである。ただし、(6)から分かるように、大勝方言では5種類の音声が現れているので、(3)を考慮に入れると、真性テ形現象方言よりもさらに真性テ形現象が優勢である方言タイプということになるだろう。現時点では、琉球諸方言のテ形／タ形現象に関する全体像が明確になっていないことから、これ以上の記述は今後に期することとする。

以上の議論から分かるように、真性・擬似テ形現象は九州西部方言ではテ形にしか起こらない。しかし、上甑島瀬上方言や奄美方言などの琉球諸方言では、テ形にもタ形にも同じ現象が起こっている。おそらく、九州西部方言では、テ形とタ形に起こる現象が"分離"してしまったのであろう。そのために、共通語の「テ」「タ」に相当する部分に現れる音声の種類及びその数が、テ形とタ形とで一致していないのではなかろうか。前述したように、その音声の種類の数が少ないほど、非テ形現象が優勢であるので、瀬上方言や奄美方言などの琉球諸方言では、テ形でもタ形でも真性・擬似テ形現象が優勢である。即ち、テ形とタ形に起こる現象が"中和"しているのである。一方、九州西部方言では、テ形では真性テ形現象が優勢であるが、タ形では非テ形現象が優勢であるといった"分離"が起こっていると考えられる。ただし、九州西部方言であっても、非テ形現象方言(全体性テ形現象方言も含まれるかもしれない)のテ形では、タ形と同様、2種類の音声しか現れていないため、"分離"は起こっていないようである。

ここで、以上の議論を図式化してみる。次のようになる。

(7) 真性・擬似テ形現象と非テ形現象との"分離"と"中和":

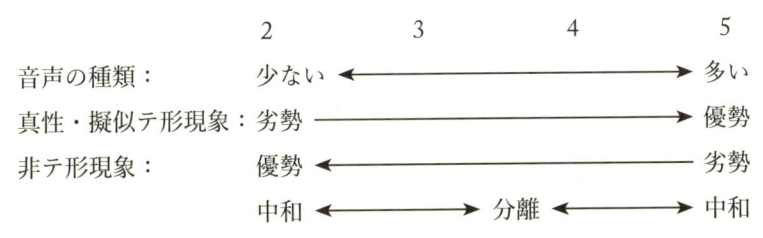

```
                        2        3        4        5
音声の種類：          少ない ←─────────────→ 多い
真性・擬似テ形現象：  劣勢 ─────────────────→ 優勢
非テ形現象：          優勢 ←───────────────── 劣勢
                      中和 ←──→ 分離 ←──→ 中和
```

　(7)に記したように、テ形・タ形の中和・分離に関しては、音声の種類が少なくても多くても"中和"するようである。"分離"するのは、音声の種類が多くも少なくもない、中間的な数であるときである。(7)の最終行において、左端の"中和"は、優勢である非テ形現象によるものであろう（真性・擬似テ形現象は劣勢）。一方、右端の"中和"は、優勢である真性・擬似テ形現象によるものであろう（非テ形現象は劣勢）。これらそれぞれの"中和"は、それぞれ1つずつの優勢である現象だけが司っている。これは、それぞれ1つの現象の力だけでは、テ形とタ形を"分離"して、別々に運営することができないからであろう。それゆえ、"中和"が起こってしまうのである。しかし、(7)のスケールの中間地点では、真性・擬似テ形現象と非テ形現象が共存しているため、これら2つの現象が"棲み分け"をしつつ（真性・擬似テ形現象はテ形を司り、非テ形現象はタ形を司る）、テ形とタ形を"分離"して、運営することができるのであろう。

　従って、"分離"・"中和"によって方言を分類すると、次のような3つの型が存在する。

(8) a. 分離型：真性・擬似テ形現象はテ形を、非テ形現象はタ形をそれぞれ司る。
　　b. 中和型①：真性・擬似テ形現象がテ形もタ形も司る。
　　c. 中和型②：非テ形現象がテ形もタ形も司る。

分離型には、九州西部方言の真性テ形現象方言及び擬似テ形現象方言が含ま

れる。中和型①には、上甑島瀬上方言や奄美方言などの琉球諸方言が含まれる。そして、中和型②には、非テ形現象方言及び全体性テ形現象方言が分類される。結局のところ、テ形・タ形という活用形は"場"のようなものである。2つの場のどちらに、真性・擬似テ形現象と非テ形現象が"棲み分け"を行うのかということである。

　次節では、"切り取り（切り分け）"の問題も含めて、"棲み分け"の考え方を厳密化していく。

註

1　ただし、名嘉真三成(1992)には、原データではなく、分析を施したデータが表にされて載っている。ここでは、それを著者が原データに戻したものを掲載している (cf. 有元光彦(1996c, 1997, 1998b))。

2. "棲み分け"

前節までで述べたように、「テ」に相当する部分に現れる音声の種類を決定するのは、子音語幹動詞で言えば、9つの語幹末子音の"切り取り（切り分け）"方であった。即ち、e消去ルールの適用環境であるXという集合は、単に1つのルールの適用環境というだけでなく、テ形という場における9種の語幹末子音の分割の問題であるように考えられる。テ形という場において、9種の語幹末子音の集合がどのように分割されているかということは、Xが決定しているものである。Xは複数の弁別素性が積や和という集合演算によって組み合わされたものである。従って、最小レベルでは、Xを構成する各弁別素性が、どのような集合演算の関係で"棲み分け"を行っているのかということが問題となるのではなかろうか。また、この"棲み分け"はテ形だけでなく、タ形にも影響を及ぼす。

議論を分かりやすくするために、以上のことを生物学的比喩を使って、より具体的に考えてみよう。例えば、テ形という"場"に9人の住人（語幹末子音）{w, b, m, s, k, g, r, t, n}が存在しているとする。まず、これらを切り分けるもの（分割者）がいる。分割者はe消去ルールの適用環境、すなわち弁別素性の集合である。例えば、[-syl], [+cor], [-cont]という3人の分割者がいたとする。そして、彼ら（の積集合演算）によって、9人の住人（語幹末子音）が2つのグループ{w, b, m, s, k, g}, {r, t, n}に切り分けられたとする。この切り分けが真性テ形現象のタイプA方言を生み出すのである。さらに、もう1人住人がいる。真性テ形現象方言と擬似テ形現象方言の違いは、「テ」に相当する部分の音声の違いである。"切り取り（切り分け）"に関しては同じである。従って、基底形である/te/などを、促音や撥音にするのか、それとも[tʃi]や[dʒi]にするのかを決定する者（変換者）が必要なのである。

まとめると、テ形という場の住人は、{w, b, m, s, k, g, r, t, n}という9人と、[-syl], [+cor], [-cont]という分割者3人、そして変換者1人の計12人である。これら12人は各自が属性を持っている。最初の9人は単なる住人であるが、次の3人は分割者、最後の1人は変換者という属性を持っている。さらに、

分割者は切り分けのために他の分割者とどのように協力するか（手を組むか）という情報を持っている。この情報には、積の集合演算か和の集合演算かといった2つの手段の選択肢が含まれている。そして、変換者は何を何に変換するかという情報を持っている。

ここで登場した3人の分割者 [-syl], [+cor], [-cont] が、テ形だけでなく、タ形という場にも存在していたとすると、タ形でも {w, b, m, s, k, g}, {r, t, n} という切り分けが行われることになる。これによって、中和型①が生み出される。

別の場面を想像しよう。テ形という場には3人の分割者 [-syl], [+cor], [-cont] がいるが、タ形という場には2人の分割者 [-syl], [+voice] しかいないとする。後者の2人の分割者は、非テ形現象方言のコア・ルールである有声性順行同化ルールの適用環境に現れる弁別素性の集合である。この場合、[+cor], [-cont] と [+voice] との間に"棲み分け"が起こっていることになる（[-syl] は共通住人）。これによって、分離型が生み出される。

以上のように、"棲み分け"をしているのは、言語現象（真性テ形現象とか非テ形現象）やルール（e消去ルールとか有声性順行同化ルール）ではなく、それらのルールの適用環境に現れる弁別素性の集合であると考えられないだろうか。これら弁別素性は、1つ1つがあたかも"生物"のように振る舞い、テ形・タ形という場に住んでいるのである。

この考え方によると、通時的問題もうまく説明できる。【図1】にはテ形の場における方言接触の様子を示している。

第4章 テ形現象の本質とは？　257

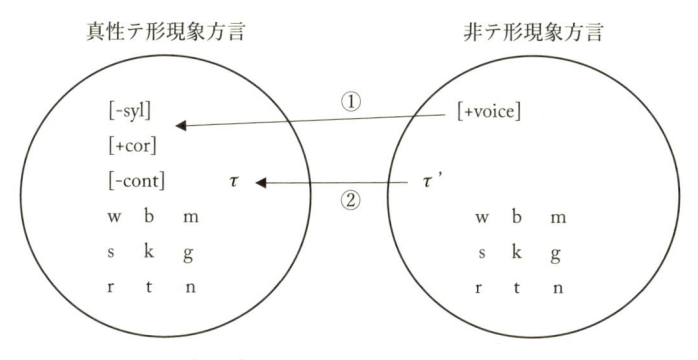

```
        真性テ形現象方言              非テ形現象方言

         [-syl]        ①
         [+cor]  ←―――――――  [+voice]
         [-cont]     τ    ②   τ'
              w  b  m           w  b  m
              s  k  g           s  k  g
              r  t  n           r  t  n
```

【図1】　テ形の場における方言接触

　【図1】の左の円は真性テ形現象方言（タイプA方言）であり、右の円は非テ形現象方言を表す。通時的に非テ形現象化が起こると、2つの方向が考えられる。1つは、【図1】の①のように、非テ形現象方言の住人（分割者）[+voice]が真性テ形現象方言の住人（分割者）[-syl], [+cor], [-cont] に影響を与え、[+voice] に変化させた場合で、この場合全体性テ形現象方言が生まれる。もう1つは、【図1】の②のように、非テ形現象方言の住人（変換者）τ'が真性テ形現象方言のτに影響を与え、τ'に変化させた場合で、この場合擬似テ形現象方言が生まれる。このように、どの住人が影響を与えるかによって、生み出される方言タイプが異なってくるのである。住人の影響とは、比喩的には、隣の地域に行って別の住人に接触することと同じであるので、テ形現象に関わる様々な要素を"生物"と見なしていく方法論は決して突飛な発想ではないだろう。

　以上、生物学的な比喩を使って、"棲み分け"という考え方を概念的に述べた。生物学的比喩は単に話を明瞭にするために用いているのではない。言語現象は生物と同じような振る舞いをするという考えがあるからである。これを利用することによって、テ形現象の本質を捉えたいのである。そして、最終的には、方言の類似性・差異性の本質をも究明できると考えられる。しかし、現時点では、"棲み分け"の理論化については不明な点が多い。後述するシミュレーション研究とも深く関わる問題であるからである。今後の課題である。

第 5 章　理論的問題のまとめ・課題

　理論編（第 3 部）では、テ形現象を説明するために様々な仮説を提出し、理論化を進めていった。

　まず、共時的には、真性テ形現象の中心的なルールである e 消去ルールの適用環境を方言タイプごとに比較することによって、そこに包含関係があることが判明した。この包含関係は、言語地理学的な関係にも反映され、"海の道" が想定されることとなった。しかし、"海の道" は単に方言タイプの地理的な連続性を表すだけでなく、いわゆる "強文化圏" としての役割も果たしていた。最終的に、テ形現象の方言圏（群）は、"海の道"（真性テ形現象方言）をコアとした周圏分布を成す構造となっていることが判明した。

　一方、通時的には、真性テ形現象が崩壊しつつあるという事実を挙げた。そこには、言語変化の指向性が見られた。歴史的変化は、コア・ルールの適用環境に指定されている弁別素性が、積の集合演算によって指定されているのか、それとも和の集合演算によって指定されているのか、という違いによって、変化の指向性が異なっていた。前者の場合には弁別素性の指定を外す方向へと変化し、後者の場合には弁別素性を付加する方向へと変化する、という考え方を提示した。

　さらに、九州西部方言以外の方言である出雲方言にも対象を移し、テ形現象ではない別の音韻現象（母音交替現象）にも同じ理論が適用できるかどうかという汎用性の検証も行った。その結果、従来 "海の道" 仮説と言っていたものを "群" 仮説として統合することができた。

　さらに、テ形現象はテ形だけにとどまらず、タ形とも深い関係があること

が判明した。そこでは、生物学的比喩である"棲み分け"という考え方を使って、真性テ形現象と非テ形現象が、テ形とタ形をどのような役割分担で司っているかということについて議論した。そして、テ形現象にとって最も本質的なことは、9種の動詞語幹末子音をどのように切り取るか(切り分けるか)という問題であることを示した。さらに、テ形・タ形という"場"を"棲み分け"ているのは弁別素性であるというシミュレーション研究へ向けての1つの考え方を提案した。

以上のように、第3部では、従来の方言研究ではあまり顧みられなかった理論的問題に焦点を当ててきた。そもそも理論の構築の出発点は、「方言の類似性・差異性とは何か」という問いかけであった。従来の方言研究では、類似性の概念があまりに曖昧であった。単語レベルでは確かに類似の言語現象が見られるが、同じ語形であるといった表面的・個別的な類似性を捉えることだけで、方言記述が終わっていた。本書でも、記述編(第2部)は単なるデータの観察である。しかし、方言研究にさらに必要なことは、理論のレベルである。即ち、類似性の本質を記述し理論化することである。

今後の課題としては、次の2点がある。

●個人の言語モデルへの組み込み
●社会的因子の解明

まず、第1の課題は方法論と深く関連する。そもそも本書で提示した諸仮説は、Implicational Scaling(以下 IS と呼ぶ。Implicational Hierarchy とも呼ばれる)としてよく利用されてきた方法論と類似している(cf. 津田葵ほか(1985), McMahon(1994), Holm(2000), Singh(2000), Rickford(2002), Paolillo(2002))。IS においては、ある特徴、即ち言語変種(language variety / 'lect')を持っているか否かを個人(individual)レベル、即ち話者(speaker)ごとに記述する。言語変種間または話者間で順序付けをしていく。言語変種間であれば品詞等の文法的な因子と、話者間であればその階層など社会的な因子とそれぞれ関連付けていく。

本書で提示した仮説とISが大きく異なる点は、①対象分野、及び②対象者レベルという2点である。まず、①については、ISがバリエーションの違いを扱っているのに対して、本書では方言の違いを扱っているという点である。IS研究のことばで言えば、ISはvariational（言語変化の途中段階）なもの、本書はcategorical（言語変化の始点または終点段階）なものを扱っている。もちろん、両者を区別する必要があるのかどうかは検討の余地がある。
　②については、ISが個人レベルを単位としているのに対して、本書では数人の話者をその方言の代表として仮定し、方言体系レベルを単位としている。従って、後者ではある意味個人を捨象していることになるが、これは伝統的な方言学の方法論である。しかし、方言が本質的に個人語（idiolect）の集合であるならば、個人を捨象するという伝統的な方言学の方法論には危険性があるだろう。この危険性をカバーするために生まれたのが、計量的（quantitative）な方法論である。しかしながら、ISのような非計量的（non-quantitative）な考え方が廃れたわけではない。ISの方法論の流れは、後々Optimality TheoryやDefault Inheritanceに現れている（cf. Prince & Smolensky (1993), Paolillo (2002)）。最近では、形式言語理論（Formal Language Theory）におけるVariable Rule Modelなどの確率モデル（Probabilistic Model）にも引き継がれている（cf. Paolillo (2002)）。
　以上のように、本書で提示したモデルは、Variational Modelとはターゲットが異なるものと言えよう。しかし、言語変化にはcategorical-variational-categoricalという連続性が見られることから、いずれは両者を融合させていく方向に進めなければならないのではないかと考える。
　本書で提示したモデルに最も欠けている点は、「個人的なバリエーションをどのように言語モデルに組み込むか」という個人を意識する視点である。方言学の次のターゲットは、「個人語がバリエーションを伴いつつどのように方言差を形成していくのか」という問題ではなかろうか。
　次に、第2の課題は言語モデルに組み込む因子の問題である。
　本書では、類似性に疑問を投げかけた。九州西部地域は一様に類似してはいないのである。段階的な類似性があるにせよ、なぜ九州西部地域に収束的

な類似性が存在するのだろうか。その解答が"海の道"であった。"海の道"という方言圏（群）どうしを強力に結ぶ接着剤が存在するからこそ、その周辺部にはその方言圏（群）と類似性を持った方言圏が分布するのである。"海の道"で繋がれた方言圏（群）は、単なる類似性を持った方言の集合ではない。周圏的な性質を持ち合わせた"強文化圏"なのである。"強文化圏"とは言語地理学において単語レベルのみに適用される曖昧な概念であるが、本書は結果的にこの"強文化圏"をルールレベルで厳密に規定したことになる。

　"強文化圏"のような言語地理学のツールを利用したからといって、方言の伝播や変遷の要因をすべて地理的な因子に求めているわけではない。"海の道"という考え方は、表面的には地理的な概念かもしれないが、実際は交通や人間の流れ・政治など社会的な因子によって形成されるものである。九州西部海域で盛んに行われていた船を利用した貿易など、歴史的な交易の名残とも関連する。しかし、交通機関などで交流があれば、"海の道"が必ず形成されるというわけではない。例えば、長崎市と五島列島は現在フェリーや飛行機といった交通機関で結ばれているが、両方言の間には"海の道"は成立していない。「江戸時代の行政区画である藩が異なっていたからだ」という考え方もできるだろう。「"陸の道"を通って、九州北部方言が伝播してきたからだ」という考え方もできるかもしれない。様々な考え方が適用できるが、いずれにしてもこの問題には様々な社会的な因子が絡んでくるだろう。

　社会的な因子の解明は、更なる困難を伴うであろう。それを解明するためには、従来の方言研究のような帰納的なトップダウン（top-down）な方法論だけでは不十分である。そこには、ボトムアップ（bottom-up）な方法論を開発する必要があろう。その1つとして、コンピュータ・シミュレーションが考えられる。これによって、"棲み分け"の問題も解決できるかもしれない。そのためには、まずは方言伝播や歴史的変遷を説明する理論の構築が必須である。理論構築という点は、従来の方言研究で最も欠けている部分である。理論を構築していかなければ、シミュレーション研究には進展していかない

だろう。今後方言研究において、理論的な研究がますます展開していくことを期待したい。

参 照 参 考 文 献

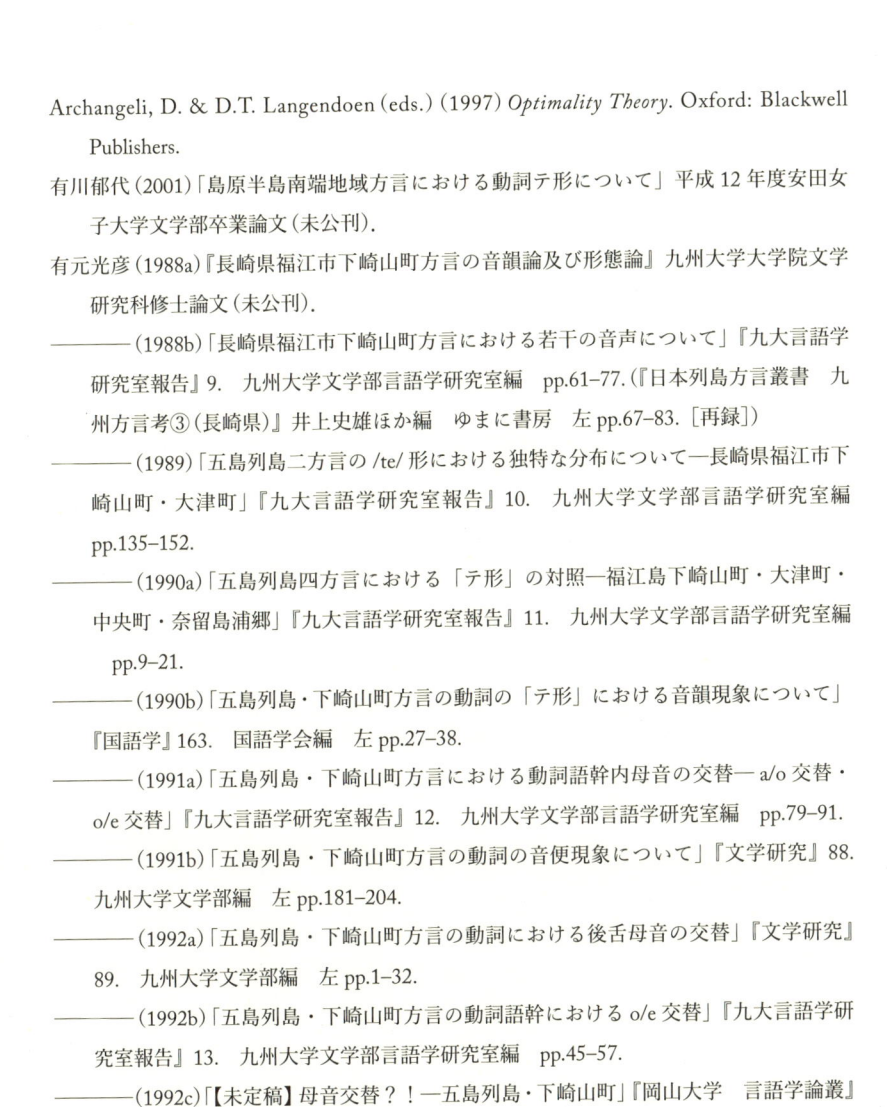

Archangeli, D. & D.T. Langendoen (eds.) (1997) *Optimality Theory*. Oxford: Blackwell Publishers.

有川郁代 (2001)「島原半島南端地域方言における動詞テ形について」平成12年度安田女子大学文学部卒業論文（未公刊）.

有元光彦 (1988a)『長崎県福江市下崎山町方言の音韻論及び形態論』九州大学大学院文学研究科修士論文（未公刊）.

——— (1988b)「長崎県福江市下崎山町方言における若干の音声について」『九大言語学研究室報告』9. 九州大学文学部言語学研究室編 pp.61–77.（『日本列島方言叢書 九州方言考③（長崎県）』井上史雄ほか編 ゆまに書房 左 pp.67–83.［再録］）

——— (1989)「五島列島二方言の /te/ 形における独特な分布について—長崎県福江市下崎山町・大津町」『九大言語学研究室報告』10. 九州大学文学部言語学研究室編 pp.135–152.

——— (1990a)「五島列島四方言における「テ形」の対照—福江島下崎山町・大津町・中央町・奈留島浦郷」『九大言語学研究室報告』11. 九州大学文学部言語学研究室編 pp.9–21.

——— (1990b)「五島列島・下崎山町方言の動詞の「テ形」における音韻現象について」『国語学』163. 国語学会編 左 pp.27–38.

——— (1991a)「五島列島・下崎山町方言における動詞語幹内母音の交替—a/o 交替・o/e 交替」『九大言語学研究室報告』12. 九州大学文学部言語学研究室編 pp.79–91.

——— (1991b)「五島列島・下崎山町方言の動詞の音便現象について」『文学研究』88. 九州大学文学部編 左 pp.181–204.

——— (1992a)「五島列島・下崎山町方言の動詞における後舌母音の交替」『文学研究』89. 九州大学文学部編 左 pp.1–32.

——— (1992b)「五島列島・下崎山町方言の動詞語幹における o/e 交替」『九大言語学研究室報告』13. 九州大学文学部言語学研究室編 pp.45–57.

——— (1992c)「【未定稿】母音交替？！—五島列島・下崎山町」『岡山大学 言語学論叢』2. 岡山大学言語学研究会編 pp.91–112.

——— (1992d)「五島列島・下崎山町方言の動詞語幹における u/i 交替」『日本文学研究』28. 梅光女学院大学日本文学会編 左 pp.1–16.

―――(1993)『五島列島諸方言の文法システムにおける自律性の研究』平成4(1992)年度文部省科学研究費補助金・奨励研究(A)(課題番号：04710259)研究成果報告書.

―――(1994)「崎戸町の方言」(「音韻・文法」担当)『長崎県崎戸町の民俗文化―崎戸町文化財報告第1集』崎戸町教育委員会編　pp.165-187.

―――(1996a)「五島列島諸方言の動詞語幹の母音交替について」『音声学会会報』212. 日本音声学会編　pp.49-55.

―――(1996b)「岡児ヶ水方言の動詞テ形について」『九州方言研究会報告書』九州方言研究会編　pp.140-151.

―――(1996c)『琉球諸方言の動詞活用形の研究：データ篇　奄美方言』平成7(1995)年度文部省科学研究費補助金・奨励研究(A)「琉球方言をモデルとした新しい対照方言学の試み」(課題番号：07710364)研究成果報告書.

―――(1997)『奄美方言の規則動詞活用形における方言差の研究』平成8(1996)年度文部省科学研究費補助金・奨励研究(A)「方言規則地図の提唱とその理論的研究」(課題番号：08710374)研究成果報告書.

―――(1998a)『平戸市史　民俗編』「第Ⅰ篇　平戸の民俗・第十三章　方言」(「音韻」担当)　平戸市史編纂委員会編　pp.172-197.

―――(1998b)「規則の有無を基準とした方言差についての試論―奄美5方言をデータとして」『国語国文論集』28. 安田女子大学日本文学会編(1998.1.31)　左pp.1-9.

―――(1999a)「鹿児島県川辺郡笠沙町方言の動詞テ形に起こる音韻現象について」『国語国文論集』29. 安田女子大学日本文学会編　左pp.11-17.

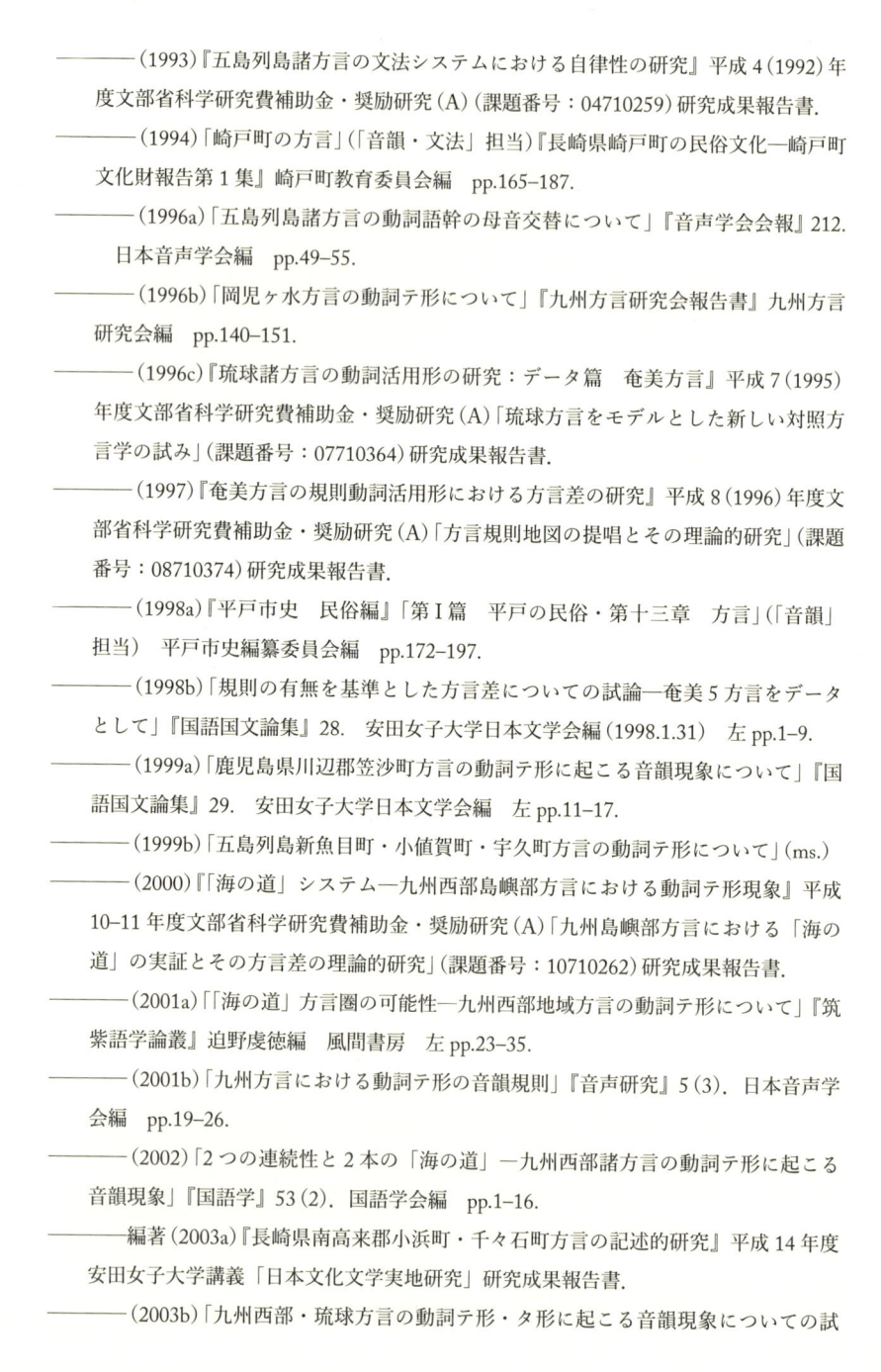

―――(1999b)「五島列島新魚目町・小値賀町・宇久町方言の動詞テ形について」(ms.)

―――(2000)『「海の道」システム―九州西部島嶼部方言における動詞テ形現象』平成10-11年度文部省科学研究費補助金・奨励研究(A)「九州島嶼部方言における「海の道」の実証とその方言差の理論的研究」(課題番号：10710262)研究成果報告書.

―――(2001a)「「海の道」方言圏の可能性―九州西部地域方言の動詞テ形について」『筑紫語学論叢』迫野虔徳編　風間書房　左pp.23-35.

―――(2001b)「九州方言における動詞テ形の音韻規則」『音声研究』5(3). 日本音声学会編　pp.19-26.

―――(2002)「2つの連続性と2本の「海の道」―九州西部諸方言の動詞テ形に起こる音韻現象」『国語学』53(2). 国語学会編　pp.1-16.

―――編著(2003a)『長崎県南高来郡小浜町・千々石町方言の記述的研究』平成14年度安田女子大学講義「日本文化文学実地研究」研究成果報告書.

―――(2003b)「九州西部・琉球方言の動詞テ形・タ形に起こる音韻現象についての試

論」『研究論叢(山口大学教育学部)』53(1). pp.67-80.
─── (2004a)『九州西部方言における動詞「テ形現象」の記述的研究』広島大学大学院社会科学研究科博士論文.
─── (2004b)「出雲方言におけるモーラの音素配列論」『出雲方言資料』島根県湖西振興機構受託研究報告書 pp.1-15.
─── (2004c)「「海の道」仮説と群仮説―九州西部方言・出雲方言の音韻現象」『研究論叢(山口大学教育学部)』54(1). pp.59-67.
─── (2005a)「日本語の中の「九州方言」・世界の言語の中の「九州方言」⑤ことばの道―海の道」『日本語学』24(10). 明治書院 pp.74-82.
─── (2005b)「熊本県天草方言の動詞テ形における形態音韻論」『研究論叢(山口大学教育学部)』55(1). pp.1-14.
─── (2006)「長崎県島原半島方言の動詞テ形における形態音韻論―島原市・南島原市(深江町・加津佐町)・雲仙市(国見町・南串山町)―」『研究論叢(山口大学教育学部)』56(1). pp.35-49.
有田隆也(1999)『人工生命』科学技術出版.
Ashworth, D. E. (1973) *A Generative Study of the Inflectional Morphophonemics of the Shuri Dialect of Ryukyuan*. Doctoral Dissertation of Cornell University.
Brent, M. R. (ed.) (1996) *Computational Approaches to Language Acquisition*. Amsterdam: Elsevier Science Publishers. [Published in 1997, MA: The MIT Press].
Briscoe, T. (ed.) (2002) *Linguistic Evolution through Language Acquisition*. Cambridge: Cambridge University Press.
Broeder, P. & J. Murre (eds.) (2000) *Models of Language Acquisition*. Oxford: Oxford University Press.
Cangelosi, A. & D. Parisi (eds.) (2002) *Simulating the Evolution of Language*. London: Springer-Verlag London.
Chomsky, N. & M. Halle (1968) *The Sound Pattern of English*. New York: Harper & Row.
江端義夫編(2002)『朝倉日本語講座10・方言』朝倉書店.
Epstein, J. M. & R. Axtell (1996) *Growing Artificial Societies*. USA: The Brookings Institution Press. [『人工社会』服部正太・木村香代子訳 構造計画研究所／共立出版]
藤本憲信(2002)『熊本県菊池方言の文法』熊本日日新聞情報文化センター.
藤田勝良(1992)「方言におけるバ行・マ行動詞のウ音便形の存立について」『佐賀大国文』20. pp.14-47.
─── (1993)「方言におけるバ行・マ行動詞のウ音便形の存立について(Ⅱ)」『佐賀大

国文』22. 左 pp.1–12.
───（1995）「方言におけるバ行・マ行動詞のウ音便形の存立について（Ⅲ）」『佐賀大国文』23. 左 pp.1–10.
藤原与一（1991）『九州西側〈筑前・肥後〉三要地方言（昭和日本語の方言・第7巻）』三弥井書店.
───（2001）『九州西北部三要地方言（昭和日本語の方言・第8巻）』三弥井書店.
福井直樹（2001）『自然科学としての言語学』大修館書店.
福島直恭（2002）『〈あぶない ai〉が〈あぶねえ e:〉にかわる時』笠間書院.
Goldsmith, J. A. (1995) *The Handbook of Phonological Theory*. Oxford: Blackwell Publishers.
郡家真一（1976）『五島方言集』国書刊行会.
Haas, Wim de (1988) *A Formal Theory of Vowel Coalescence*. Dordrecht: Foris Publications.
Hall, T. A. (1997) *The Phonology of Coronals*. Amsterdam: John Benjamins Publishing Company.
原口泉ほか（1999）『鹿児島県の歴史』山川出版社.
橋本萬太郎ほか（1977）『岩波講座・日本語5・音韻』岩波書店.
橋本敬（2005）「言語のダイナミクスとゲーム」『ゲーム理論のフロンティア』池上高志・松田裕之共編著　サイエンス社　pp.55–64.
早田輝洋（1985）『博多方言のアクセント・形態論』九州大学出版会.
───（1998）「佐賀方言の動詞未完了連体接辞の基底形」『九大言語学研究室報告』19. pp.1–4.
Hinskens, F. et al. (eds.) (1997) *Variation, Change and Phonological Theory*. Amsterdam: John Benjamins Publishing Company.
平山輝男ほか（1969）『五島列島の方言（都市の言語と周辺の言語（その1））』東京都立大学都市研究委員会・都市研究調査報告1.
Holm, J. (2000) *An Introduction to Pidgins and Creoles*. Cambridge: Cambridge University Press.
Hyman, L. M. (1975) *Phonology: Theory and Analysis*. New York: Holt, Rinehart and Winston.
飯豊毅一ほか編（1983）『九州地方の方言（講座方言学9）』国書刊行会.
井上史雄（2000）『東北方言の変遷』秋山書店.
───（2001）『計量的方言区画』明治書院.
───ほか編（1997）『日本列島方言叢書19・中国方言考②（鳥取県・島根県）』ゆまに書房.
───（1999a）『九州方言考①（九州一般）』ゆまに書房.
───（1999b）『九州方言考②（福岡県・佐賀県）』ゆまに書房.
───（1999c）『九州方言考③（長崎県）』ゆまに書房.

─── (1999d)『九州方言考④(熊本県・大分県・宮崎県)』ゆまに書房.
─── (1999e)『九州方言考⑤(鹿児島県)』ゆまに書房.
糸原正徳・友定賢治編(1991)『奥出雲のことば』広島文教女子大学地域文化研究所.
伊藤雅光(2004)「分析日本語学から合成日本語学へ―テクスト自動合成システムによるパラダイム転換の可能性」『日本語学会2004年度春季大会予稿集』pp.177–184.
陣内正敬(1981)「九州方言に見られる母音語幹動詞のラ行子音語幹化について」『九大言語学研究室報告』2. pp.3–13 ［井上史雄ほか編(1999a)に再録］.
─── (1996)『地域語の生態シリーズ・九州篇・地方中核都市方言の行方』おうふう.
Kager, R. (1999) *Optimality Theory*. Cambridge: Cambridge University Press.
影山太郎(1993)『文法と語形成』ひつじ書房.
上村孝二(1964)「薩隅方言の区画」『日本の方言区画』日本方言研究会編　東京堂出版.
─── (1965)「上甑島瀬上方言の研究」『鹿児島大学法文学部紀要・文学科論集』1. pp.21–49.
─── (1998)『九州方言・南島方言の研究』秋山書店.
神部宏泰(1982)「島根県の方言」『中国四国地方の方言』飯豊毅一ほか編　国書刊行会　pp.211–238.
川端善明(1997)『活用の研究』清文堂.
Kenstowicz, M. (1994) *Phonology in Generative Grammar*. Oxford: Blackwell Publishers.
木部暢子(1990)「笠沙町方言について」『笠沙町の民俗(下巻)』笠沙町民俗文化財調査報告書(3)　笠沙町教育委員会　pp.9–24.
─── (1995)「吐噶喇の方言」『十島村誌』十島村役場発行　pp.1071–1114.
─── (1997)『鹿児島県のことば』明治書院.
─── (2001)「甑島方言の音声の特徴について―概説と語彙資料集」『日本語の消滅に瀕した方言に関する調査研究』科学研究費「環太平洋の言語」報告書(A04-001「日本」班)　pp.125–177.
Kiparsky, P. (1982a) Lexical Phonology and Morphology. I.S.Yang (ed.) *Linguistics in the Morning Calm*. Seoul: Hanshin, pp.3–91.
─── (1982b) *Explanation in Phonology*. Dordrecht: Foris Publications.
小林隆ほか編(1996)『方言の現在』明治書院.
九州方言学会編(1969/1991)『九州方言の基礎的研究(改訂版)』風間書房.
馬瀬良雄編(1986)『論集日本語研究10・方言』有精堂.
松田知子(1999)「動詞連用形に接続する助詞「テ」を中心にみた琉球方言と西日本方言との関連性」『日本方言研究会第68回研究発表会発表原稿集』 pp.1–8.

松本寿三郎ほか(1999)『熊本県の歴史』山川出版社.
McCarthy, J. (1986) OCP effects: gemination and antigemination. *Linguistic Inquiry* 17, pp.207–64.
McCawley, J. D. (1968) *The Phonological Component of a Grammar of Japanese*. The Hague: Mouton.
McMahon, A. M. S. (1994) *Understanding Language Change*. Cambridge: Cambridge University Press.
宮良信詳(1995)『南琉球八重山石垣方言の文法』くろしお出版.
Mohanan, K.P. (1986) *The Theory of Lexical Phonology*. Dordrecht: D.Reidel Publishing Company.
村木新次郎(1991)『日本語動詞の諸相』ひつじ書房.
名嘉真三成(1992)『琉球方言の古層』第一書房.
中本正智(1990)『日本列島言語史の研究』大修館書店.
中野馨(1995)『脳をつくる』共立出版.
日本方言研究会編(2002)『21世紀の方言学』国書刊行会.
錦見美貴子(1998)『言語を獲得するコンピュータ(認知科学モノグラフ11)』共立出版.
尾形佳助(1987)『上甑島瀬上方言の形態音韻論』九州大学大学院文学研究科修士論文(未公刊).
大西拓一郎(1992)『方言用言活用体系調査票A(Ver.1.0)』(私家版).
─── (1993)『方言活用体系調査票C-1(Ver.1.0), C-2(Ver.1.0)』平成5(1993)年度文部省科学研究費補助金・奨励研究(A)「方言における用言の活用の記述的研究」(課題番号：05710260)研究成果報告書.
Paolillo, J.C. (2002) *Analyzing Linguistic Variation: Statistical Models and Methods*. Stanford: CSLI Publications.
Paradis, C. & J.-F. Prunet (eds.) (1991) *Phonetics and Phonology 2: The Special Status of Coronals*. San Diego: Academic Press.
Poser, W. (1985) Japanese Evidence Bearing on the Compensatory Lengthening Controversy. in Wetzels & Sezer (eds.) (1985)
Prince, A. & P. Smolensky (1993) *Optimality Theory: Constraint Interaction in Generative Grammar*. Technical Report CU-CS-696-95. RuCCS-TR-2. [Published in 2004, Oxford: Blackwell Publishing]
Rickford, J.R. (2002) Implicational Scales. Chambers, J.K. et al. (eds.) *The Handbook of Language Variation and Change*. Oxford: Blackwell Publishing, pp.142–167.

坂口至 (1998)『長崎県のことば』明治書院.

佐藤亮一ほか編 (2002)『方言地理学の課題』明治書院.

沢木幹栄 (1996)「語形伝播のシミュレーション」『言語学林 1995▶1996』三省堂　pp.911–919.

瀬野精一郎ほか (1998)『長崎県の歴史』山川出版社.

Shibatani, M. (1990) *The Language of Japan*. Cambridge: Cambridge University Press.

柴田武 (1988)『方言論』平凡社.

―――ほか (1977)『岩波講座・日本語 11・方言』岩波書店.

―――ほか編 (1981)『日本の言語学・第 6 巻・方言』大修館書店.

城田俊 (1998)『日本語形態論』ひつじ書房.

Singh, I. (2000) *Pidgins and Creoles: An Introduction*. London: Arnold.

須賀哲夫・久野雅樹編著 (2000)『ヴァーチャルインファント』北大路書房.

鈴木良次ほか編 (2006)『言語科学の百科事典』丸善.

田窪行則ほか (1998)『岩波講座言語の科学 2・音声』岩波書店.

徳川宗賢 (1993)『方言地理学の展開』ひつじ書房.

坪井美樹 (2001)『日本語活用体系の変遷』笠間書院.

津田葵ほか (1985)「社会言語学」『海外言語学情報　第 3 号』太田朗・フェリス ロボ編　大修館書店　pp.81–98.

辻井潤一 (1999)「解説　言語の確率モデルとその周辺」『確率的言語モデル（言語と計算 4)』北研二著　東京大学出版会　pp.205–218.

Tsujimura, N. (1999) *The Handbook of Japanese Linguistics*. Oxford: Blackwell Publishers.

塚本明廣 (1978)「長崎市方言の動詞活用表」『文学研究』75. 九州大学文学部編　pp.39–55.

月川雄次郎 (1997)『宇久方言で「魏志倭人伝」を読む』(私家版).

Vance, T. J. (1987) *An Introduction to Japanese Phonology*. State University of New York Press.

Wetzels, L. & E. Sezer (eds.) (1985) *Studies in Compensatory Lengthening*. Dordrecht: Foris Publications.

柳田國男 (1980)『蝸牛考』(岩波文庫) 岩波書店.

あとがき

　本書では、九州西部方言の動詞テ形に起こるテ形現象を材料として、従来の方言研究において希薄であった"理論"を構築することを目的としてきた。理論構築の出発点は、「方言の類似性・差異性とは何か」という問いであった。この問いに解答するために、"海の道"・"群"・"棲み分け"という考え方を示してきた。これは、従来の研究のような語彙的・個別的なレベルではなく、関係性・体系性のレベルの研究である。本書では、その1つの考え方を提出できたと考えている。

　しかし、本書のような考え方が本当に方言の類似性・差異性を表しているのかどうか、類似性・差異性を表す理論を構築できたのかどうか、もっと言えば研究の方向性に間違いはないか、未だ不安が残る。この不安を払拭するためには、データの収集しかない。現時点ではまだデータ量は不十分である。データの不足及び調査漏れについては、各章において、その都度指摘してきた。1つの方言の中で、重要なデータが抜けていたり、調査自体が不十分であったために、実態が明確に把握できない場合が多々あった。また、対象となる方言自体が未調査である場合もある。例えば、前述したが、五島列島諸方言については地理的にかなり密な調査をしているにもかかわらず、島嶼部以外の九州西部地域についてはあまり調査が進んでいない。それゆえ、方言圏として括ることができないことがある。今後の調査地点としては、長崎県であれば西彼杵半島・長崎半島、熊本県であれば天草諸島、鹿児島県であれば薩摩半島・甑島列島・屋久島・種子島、などが考えられる。そして、奄美諸島を始めとする琉球諸方言の調査も必要である。琉球諸方言においては、テ形／タ形現象の実態そのものの共時的な解明が急がれるところであろう。

さて、データを収集して、規則性を導き出し、それを理論化した。それでは、次に何をすべきだろうか。

不足している点は、理論編（第5章）でも述べたように、社会的因子の解明・組み込みである。人間は、所属する言語社会の中で、様々な言語行動を行っている。そのような言語社会の中で、個人的なバリエーションが体系的なバリエーションを形成し、そして言語・方言が生まれ、変化し続けていく。本書で記述した事柄は、そのような言語・方言のごく限定された一面に過ぎない。次の段階で必要なことは、本書で記述したような仮説や規則性がどのように運用されているかという社会言語学的な観点である。

社会言語学的な観点とは、社会的因子（年齢・性別・職業などの属性や言語意識など）が言語・方言のシステムにどのような影響を及ぼしているかといったことである。しかし、話はそんなに簡単ではない。個人的な好み・気分・体調・過去の経験といった内面的な因子、または服装・化粧・香水といった外面的な因子など、主観的にしか捉えられない因子が無数にある。これらの因子の関連性を厳密に規定するためには、無数の場面を設定して観察していくしかない。例えば、因子が3つあり、それぞれが2値のパラメータを持っていたとすると、$2^3 = 8$通りの場面における因子の関連性を観察しなければならなくなる。言うまでもなく、社会的因子は3つどころではない。人間の言語社会を構成している諸因子をすべて記述し、それら1つ1つがどのように個人の言語行動を統御しているか、また個人の言語行動がどのように言語社会を動かしているか、逐一検討しなければならないとすると、天文学的な数の組み合わせが必要になるであろう。しかも、天文学的な数の場面を現実の言語生活の中に見出して、それを観察することなど、到底無理なことである。このように考えると、おそらく、従来の社会言語学的な研究は、天文学的な数の場面のうち、ごくごく一部の場面しか観察しないで行われてきたのではなかろうか。社会言語学者は、限定された言語社会の中の、限定された言語行動しか観察することができないのである。

それでは、どうやればすべての因子を観察できるだろうか。どうやれば、すべての言語社会を、そしてその中のすべての言語行動を観察できるのだろ

うか。この問題を解決するためには、"実験" しかないようである。しかし、実際に人間を使って、あらゆる場面を作り出すことは無理であろう。従って、最も効率的な方法論は、コンピュータ・シミュレーションである。しかも、ボトムアップな方法論を開発する必要があるのである。

　従来の方言研究は、まずデータを収集して、そこから帰納的に法則性や一般性を導き出すというものである。この方法論はトップダウンアプローチである。これとは逆のボトムアップアプローチに関しては、方言研究では私の知る限りほとんど見られない。

　ボトムアップアプローチは、「複雑系 (complexity)」研究のもと、工学・生命科学・経済学・社会科学等で採用されている。言語に関する研究としては、工学系では、1990年代から言語の起源の問題を皮切りに、人工生命 (Artificial Life) の方法論を利用した言語やピジン・クレオールの "創発" (emergence) 等のコンピュータ・シミュレーション研究が進んでいる (cf. 中野馨 (1995), 有田隆也 (1999))。言語学系においても、Kirby (1999), Nettle (1999) らに始まるコンピュータ・シミュレーション研究が、近年では言語進化の研究 (cf. Briscoe (ed.) (2002), Cangelosi & Parisi (eds.) (2002)) や言語習得研究 (cf. Brent (ed.) (1996), 錦見美貴子 (1998), Broeder & Murre (eds.) (2000), 須賀哲夫・久野雅樹編著 (2000)) 等にまで拡大している (cf. 鈴木良次ほか編 (2006))。福井直樹 (2001) ではゲーム理論を応用しての言語研究の可能性が示唆され、橋本敬 (2004/2005) では言語変化を言語話者の集団間の進化ゲームとして捉えている。日本語学 (国語学) においては、新しいパラダイムの必要性が福島直恭 (2002), 伊藤雅光 (2004) 等によって説かれているが、具体例にまでは言及されていない。方言学におけるコンピュータ・シミュレーション研究には沢木幹栄 (1996) があるが、オブジェクトベースの研究であり、ある面トップダウンアプローチである。方言研究に必要な方法論は、ボトムアップの構成論的な考え方であり、エージェントベースアプローチである。

　著者は、人工生命・人工社会 (Artificial Society, cf. Epstein & Axtell (1996)) の方法論を利用して、言語伝播・方言の "創発"・言語変化等がシミュレー

ションできる"言語社会マトリックス(Linguistic Society Matrix)"の構築を目指す研究を進めている。この人工的言語社会という世界の中では、それぞれの人間（エージェント）がそれぞれ言語知識を持ち、言語知識の中にある属性・言語意識等に従って、言語行動を起こす。これらの言語知識・言語行動は、すべてランダムあるいは確率的に規定されている。最終的な問題は、この人工的言語社会が実際の言語社会と同じような振る舞いをするかどうかということである。より具体的には、本書で扱ったテ形現象や"海の道"等が人工的言語社会の中に観察されるかどうかということが問題となる。

　コンピュータ・シミュレーションを利用したボトムアップな構成論的なアプローチ、そしてエージェントベースアプローチは、あくまで1つの考え方である。しかし、本書で提示した仮説を検証する重要なツールの1つとなり得る可能性を秘めている。実際のフィールドワークによって収集されたデータの分析、そしてシミュレーション、これら2つの側面からの検証によって、さらに仮説が検証される必要がある。

　以上のような新しい方法論に関しては、テクニカルな問題を含め、莫大な量の記述と議論を要するものであるので、ここでは詳細を述べるスペースはない。機会があれば、今後公表しまとめていきたいと考えている。

　本書の成立には、様々な方々の学恩・御協力が不可欠であった。
　まず最初に挙げなければならないのは、インフォーマントの方々である。貴重なお時間を割いて、提供して下さった方言データがあるからこそ、本書が成立するということは言うまでもない。また、インフォーマントの方々を御紹介下さった方々にも御礼を述べなければならない。それは、研究仲間であったり、各市町村の公共機関（教育委員会・公民館・郵便局など）の方々であったり、私的な知人であったりと実に様々であるが、おかげで現地調査をスムーズに行うことができた。
　また、言語学の道に入り、研究の基礎を築いていただいた恩師の先生方、拙論を送りつけても嫌な顔ひとつせず御助言して下さる学界の研究仲間等々、本書の土台となった博士論文に関して御指導・御審査して下さった先

生方、いちいちお名前を挙げることはしないが、これらの方々の学恩に深く感謝したい。

　そして、学術書の出版が困難な折、本書の出版をお引き受け下さったひつじ書房の松本功房主には心より感謝したい。また、本書の構成等にいつも的確な助言・指示を与えて下さった担当の田中哲哉氏・河口靖子氏にも御礼を申し上げたい。

　最後になったが、絶えず私を精神的に支え続けてくれている家族に心から感謝したい。

索引

あ
"亜種" 37

い
出雲方言 223

う
"海の道" 194
"海の道" 仮説 197

お
音韻（phonology）部門 13
音韻ルール 21
音声形 21
音節数条件 37
音便ルール 67

き
擬似テ形現象方言 30
基底形 21
逆行同化ルール 42
九州西部方言 3
"共生" 207
"強文化圏" 203
"切り取り（切り分け）" 248
"均衡化" 184

"均衡化" の仮説 184

く
群 233
"群" 仮説 233

け
形成過程の仮説 216
形態素末鼻音化ルール 82
言語（方言）地図 190

こ
喉頭化ルール 16
語幹末分節音 14
語形成（word formation）部門 13

し
子音語幹動詞 14
辞書（lexicon）部門 13
下二段活用の残存 16
周圏分布 200
集合演算 182
"収束（収斂）点" 221
住人 255
真性テ形現象に関する連続性 197
真性テ形現象の崩壊 205
真性テ形現象方言 30

す
"棲み分け" 255

せ
制限テ形現象方言 29
生成音韻論 13

積 102
全体性テ形現象方言 30

そ
促音化ルール 15

た
代償延長 142
タイプA方言 31
タイプB方言 49
タイプC方言 56
タイプD方言 62
タイプE方言 70
タイプF方言 78
タイプG方言 86
タイプNA方言 106
タイプNB方言 114
タイプPA方言 136
タイプPB方言 144
タイプPC方言 152
タイプWA方言 124
単語末子音群簡略化ルール 16
単語末有声子音鼻音化ルール 45

ち
"中和" 252

て
適用環境 101
適用環境と形成過程の相関関係に関する仮説 217
適用領域 233
テ形現象 10
テ形接辞 19

テ形接辞 d/n 交替ルール 157
テ形接辞 e/i 交替ルール 140
テ形接辞 e/u 交替ルール 148
テ形接辞 t/r 交替ルール 156
テ形／タ形現象 250

と
動詞語幹 14

に
西ルート 196

は
"場" 255
派生過程 21

ひ
東ルート 196
非テ形現象化 205
非テ形現象化の指向性 α 218
非テ形現象化の指向性 β 219
非テ形現象化の指向性 γ 219
非テ形現象化の指向性 δ 220
非テ形現象方言 30

ふ
不規則動詞 14
分割者 255
"分離" 252

へ
変換者 255
弁別素性 20

ほ
母音交替現象 223
母音語幹動詞 14
母音融合ルール 77
包含関係 182
方言群 232
方言圏 232
方言差 101
方言タイプ 29
方言タイプの多様性 221
補集合 185

ま
マクロな方言タイプの連続性 181

む
無制限テ形現象方言 29

ゆ
有声性順行同化ルール 46

ら
ラ行五段化 17

る
類似性 260
ルートの新旧に関する仮説 216
ループ性 181

れ
連続性 240
連続体 239
連続母音簡略化ルール 19

わ
和 103

A–Z
e1 語幹動詞 17
e2 語幹動詞 17
e 消去ルール 39
i1 語幹動詞 17
i2 語幹動詞 17
i 挿入ルール 16
OCP (Obligatory Contour Principle) 187
r 語幹化 17
s,k,g 消去ルール 83
s 消去ルール 77
t/h 交替ルール 166
/t/ との同一性 187

【著者紹介】

有元 光彦（ありもと みつひこ）

〈略歴〉1961年、岡山市生まれ。九州大学大学院文学研究科博士後期課程中途退学。九州大学助手、梅光女学院大学講師、安田女子大学助教授を経て、現在山口大学教育学部助教授。博士（学術）。

〈主な著書・論文〉『ふしぎのくにのにほんご』（共著 教育出版 1997）、「五島列島・下崎山町方言の動詞の「テ形」における音韻現象について」（『国語学』163 国語学会編 1990）、「九州方言における動詞テ形の音韻規則」（『音声研究』5(3) 日本音声学会編 2001）、「2つの連続性と2本の「海の道」－九州西部諸方言の動詞テ形に起こる音韻現象」（『国語学』53(2) 国語学会編 2002）、「「しまなみ海道」地域諸方言における母音融合現象」（『音声研究』10(1) 日本音声学会編 2006）

ひつじ研究叢書〈言語編〉第45巻

九州西部方言動詞テ形における形態音韻現象の研究

発行	2007年2月22日 初版1刷
定価	11500円＋税
著者	©有元光彦
発行者	松本　功
本文フォーマット	向井裕一（glyph）
印刷所	三美印刷株式会社
製本所	田中製本印刷株式会社
発行所	株式会社 ひつじ書房
	〒112-0002 東京都文京区小石川5-21-5
	Tel.03-5684-6871 Fax.03-5684-6872
	郵便振替 00120-8-142852
	toiawase@hituzi.co.jp　http://www.hituzi.co.jp

ISBN978-4-89476-323-4

造本には充分注意しておりますが、落丁・乱丁などがございましたら、小社かお買上げ書店にておとりかえいたします。ご意見、ご感想など、小社までお寄せ下されば幸いです。

ひつじ研究叢書〈言語編〉

〈第44巻〉**日本語のアスペクト体系の研究**　　　　　　　　　　　副島健作 著　8,715円
〈第46巻〉**日本語における空間表現と移動表現の概念意味論的研究**
　　　　　　　　　　　　　　　　　　　　　　　　　　　　　上野誠司 著　8,925円
〈第47巻〉**日本語助詞シカに関わる構文構造史的研究** – 文法史構築の一試論
　　　　　　　　　　　　　　　　　　　　　　　　　　　　　宮地朝子 著　7,140円
〈第48巻〉**授与動詞の対照方言学的研究**　　　　　　　　　　日高水穂 著　7,770円
〈第49巻〉**現代日本語の複合語形成論**　　　　　　　　　　　石井正彦 著　8,820円
〈第50巻〉**言語科学の真髄を求めて** – 中島平三教授還暦記念論文集
　　　　　　　　　　　　　　　　　　　鈴木右文・水野佳三・高見健一 編　13,440円
〈第51巻〉**日本語随筆テクストの諸相**
　　　　　　　　　　　　　　　　　　　高崎みどり・新屋映子・立川和美 著　7,140円
〈第52巻〉**発話者の言語ストラテジーとしてのネゴシエーション行為の研究**
　　　　　　　　　　　　　　　　　　　　（切りぬける・交渉・談判・掛け合い）
　　　　　　　　　　　　　　　　　　　　　　　　　　　　　クレア マリィ 著　7,140円
〈第53巻〉**主語と動詞の諸相** – 認知文法・類型論的視点から　二枝美津子 著　5,250円